イースト・プレス

W9-CIG-157

米田彩［著］

長者番付日本一・斎藤一人さんの「成功する考え方」で、あなたは楽しく成功できる。

高額納税者番付が発表されると、毎年話題になるのが斎藤一人さんだ。

全国トップテンには、いつも注目が集まる。

「今年もまた、斎藤一人さんなの?!」

という声があちらこちらで聞かれる。

十一年連続でトップテン入り。二〇〇三年には累積納税額で一位になった。そんな一人さんが、みずからの成功哲学を発表したのは七年前だ。以来、多くの本が出版され、そのどれもがベストセラーとなり、書店には一人さんのコーナーが設置されている。

本書は、斎藤一人さんの成功哲学が誰にでもすぐにわかり、活用できるように、そのエッセンスをまとめたものだ。

斎藤一人さんの成功哲学を、筆者なりにまとめると、次のとおり。

①「宇宙の摂理」という大きなスケールから考える。

②その摂理のひとつが、「人間は魂を向上させるために生まれてきた」ということ。

③魂のステージを向上するには、あらゆる問題に「困ったことは起こらない」と考えて解決にあたる。そうすること

日本一の大金持ち 斎藤一人（さいとうひとり）とは?

1948年生まれ。「スリムドカン」など、ユニークな名前のヒット商品でおなじみの「銀座まるかん」の創業者。1993年から全国高額納税者番付（総合）の10位以内に、唯一11年連続でランクインし、累積納税額も日本一。土地売却、株式公開によらない純粋な事業所得による高額納税は異色で、「日本一の大金持ち」といわれるゆえんとなっている。それでいながらラフな服装で町を散策するなど、飾らない人柄を慕う人々は多い。自身やお弟子さんの執筆による関連書は、出版不況とは無縁の驚異的な売上を示し、超ロング＆ベストセラーとなっているが、本人がマスコミの前に姿を現したことは、ただの一度もない。

で、ワンランク上のところで問題が解決され、成功する。

④成功するには、「方法論」ではなく、「考え方」が大切。考え方の基本が、前項の「困ったことは起こらない」である。

⑤ほかにも成功する考え方は多々あり、それが集約されたものが、次のような言葉だ。

「ツイてる」「幸せだなあ」「豊かだなあ」「ありがたいなあ」など。

⑥全体として、楽しいことをしたり、楽しい方向に進路をとれば成功する。

さて、本書では、これらを多方面から解説した。

本書の特色は、成功する考え方をイメージ図として掲載しているところだ。「考え方」は、右脳で直観的に習得するにかぎる。

それだけではない。4章と5章では、一人さんの考え方が濃縮された「口グセにしてほしい言葉」を紹介している。選りすぐりの14点の言葉の意味・使い方・効果をくわしく解説した。

本書を手にしたその日から、あなたは、楽しみながら成功できるようになる。

本書の56ページをごらんいただき、たった一言、「ツイてる！」と言えば、ツキをよびよせることができる。また、62ページを開いて、「やってやれないことはない。やらずにできるわけがない」と唱えれば、この本を手にした幸運を、グッとつかみとることができる。

この二つの言葉を唱えただけで、あなたには今日、「いいこと」がある。「いいこと」の蓄積が成功だ。

どうぞ、楽しくて簡単なこの扉から、成功者への道に入って歩み、幸運をよびこんでいただきたい。

池田　光

3

【参考文献】

『変な人の書いた成功法則』斎藤一人(総合法令)

『変な人の書いたツイてる話』斎藤一人(総合法令)

『変な人の書いたツイてる話 PARTⅡ』斎藤一人(総合法令)

『斎藤一人の不思議な魅力論』柴村恵美子(PHP研究所)

『さいとうひとり詩集』斎藤一人(総合法令)

『斎藤一人の絶対成功する千回の法則』斎藤一人[著](総合法令)

『斎藤一人魔法のお悩み解決法』小俣和美(東洋経済新報社)

『斎藤一人の百戦百勝』小俣貫太(東洋経済新報社)

『斎藤一人のツキを呼ぶ言葉』清水克衛[著]・小俣貫太[監修](東洋経済新報社)

『実践経営哲学』松下幸之助(PHP研究所)

『松翁論語』松下幸之助[述]・江口克彦[記](PHP研究所)

『信じるこころ』の科学』西田公昭(サイエンス社)

『広瀬淡窓・万善簿の原点』大久保勇市(啓文社)

斎藤一人さんの"楽しく、確実に"成功がつかめる教え

❶ あなた自身のやり方で、あなたは成功者になれる

◆「長者番付日本一」のヒミツ

その道で大成功している斎藤一人さんの言葉だ。

一人さんは現在、長者番付日本一の記録をもっている。まず、全国トップテンに十一年連続でランクインし、二〇〇三年には累積納税額で一位になった。いまも記録は更新中である。

人もうらやむほどの成功をおさめ、巨万の富を手中にした一人さんの成功物語の決め手は、なんだろうか。

それは、常識をはずれた「変わった考えかた」をしているという点にある。発想が違っているのだ。

これは、みずからを商人とよび、「成功する考え方」のヒミツをひもといていこう。

「商人というのはね、商売のプロなの。お客さんが喜ぶ商品やサービスを売って、お金儲けをするプロなんだよ」

◆ どこがほかの成功法則と違うのか

どうすれば成功できるのか。世間では次のように言われる。

① 大変な努力を重ねてきた結果、いまの成功がある

② 成功するには、成功するべく特別な方法論がある

③ 成功するには、特殊な才能や、幸運に恵まれることが必要だ

④ 苦は楽の種で、楽に成功することはできない。血のにじむような苦労の結果、成功できる

このように、世間では、成功のハードルは高く、そのためには懸命な努力が必要だと教えられている。

そんななかにあって、一人さんの成功法則は新鮮だ。

① 成功するのに苦労の必要はない

② 自分のやり方で成功できる

③ 誰だって成功できる

④ 楽しんで成功できる

な成功法則だろうか。

成功するのに資格なんていらない。誰だって成功できるようになっている、というのが一人さんの発想だ。

無理して既成の成功法に自分を当てはめようとするから苦しいのだ。

自分に合わない服なんて着る必要はない。そうではなくて、自分のやり方でやれば、あなたは楽しく成功者になれる。

だから、あなたにも言っておこう。

ただ、本書を開き、一人さんの世界にひたりさえすればいいのだ......。

ホッとするような、なんと気楽と......。

つらくて長い道

成 功

アッという　　まに成功

世間の成功の
受けとめ方

1 大変な努力がいる

2 特別な方法論が必要

3 才能や幸運に
恵まれること

4 苦労がつきもの

斎藤一人さんの
成功法則

1 苦労はいらない

2 自分のやりかたでよい

3 誰だって成功できる

4 楽^{らく}して成功できる

A."自分流"で気楽に成功できるからです

② 自分の頭で考えられる人、理屈に筋を通せる人になる

◆ "常識的" になってはいけません

中学時代のこと、一人さんは、中国の古典である『老子』や『論語』を千回読んだそうだ。

「千回読んだら、頭が老子や孔子になっちゃったよ」

と一人さん。これは小理屈抜きに、頭からまるごと読みくだくというやり方だ。

こういう読み方をすると、思考の筋道ができる。

たとえ独学であろうと、頭の中に老子や孔子の回路が刻みこまれるのだ。

学校ではそんな読み方はしない。『論語』の断片をとりあげて、たとえば「五十にして天命を知る」という一節のアカデミックな解釈を教えてくれるにすぎない。

高学歴になればなるほど、断片的な解釈がいっぱい教えられ、頭はどんどん常識的になる。だからこそ、じつは失敗するのである。

◆ 成功するのに学歴なんていらない

一人さんの学歴は、中学卒だ。大学の門を叩いても、「人生学科」も「成功学科」もない。

一人さんは、人生で成功するために、義務教育を終えると、サッ

と社会に飛びだしていった。

一風変わった成功法則だった。世の中の常識とは、ちょっと変わったものだ。

長者番付の全国トップテンに三年連続で輝いた一九九七年、一人さんは、まるで「社会大学成功学科」の卒論のように、一冊の本を世に問うた。『変な人の書いた成功法則』（現・講談社＋α文庫）というタイトルである。

この言葉にプッとふきだしたん、「成功するのに学歴なんて関係ないよね」という気になってしまう。

一人さんが成功したのは、常識的な成功法ではなく、自分なりの理屈にもとづく成功法則に従ったからだ。

それは成功の背景にある「考え方」に着目したものだったのである。

人がいるように、人生で成功するのに、学歴なんて必要ない。

松下幸之助は小学卒だが、歴史に残る成功者になった。そんな事例をあげながら、一人さんは逆説的に、「オレは松下幸之助より高学歴なんだよ」と言う。

人が成功を勝ちとっていくのは、社会においてである。一人さんが社会に出て実証した

「変な人」と思われたらチャンスです。世間と考え方が違うということ、自分なりの理屈があるということですから。

Q.成功論が "ウンチと同じ" なんて、どういうこと？

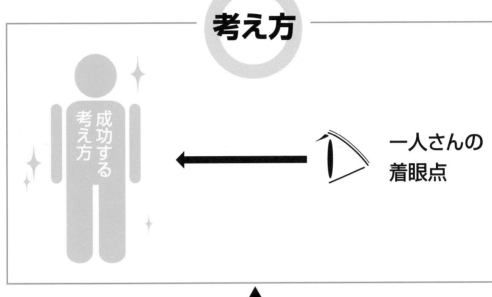

考え方

成功する考え方

一人さんの
着眼点

一般的な成功法は、
排出されたウンチのように、
結果論でしかない

結果論

A.そう、結果論にすぎない、ということなんです。
惑わされてはいけません

斎藤一人さんの "楽しく、確実に" 成功がつかめる教え

❸ 大局観をもって時流を読む

斎藤一人さんの教え

成功する考え方には二つあります。まず第一は、「宇宙の摂理から考える」ことです。

◆ 成功を生みだす二つの考え方

「世間で言う成功法という方法論を、いくら真似しても成功しないんだよ」

一人さんは、こう忠告する。

人の成功法を真似しても、それは所詮、他人のものでしかない。そんなものは、排出されたウンチと同じで、食ったあとの結果論でしかない。

そうではなくて、成功のポイントは、結果を生みだすもとの「考え方」にあるというのが、一人さんの目のつけどころだ。

では、どんな考え方をすればい

いのだろうか。

① 宇宙の摂理から考えよう
② 困ったことは起こらない

この二つである。これらをマスターすれば、誰でも成功することができるのである。

◆ なぜ「宇宙の摂理」なのか?

「宇宙の摂理から考えよう」というとき、一人さんは「宇宙の摂理」を分母におき、その上で、「商売」や「人生」を分子において考えている。

この考え方のスケールは大きい。もっとも、こんな無限大のもの

を分母におき、大局観を得ているからこそ、時流が読めるのだ。

たとえば "商売" を分母において、いくら商売（分子）のことを考えても、先の見通しはきかない。

時流を読んで、次の一手を仕掛けなければ、商売で成功する決め手は得られない。

一人さんが成功したのは、こういう大局観を軸にして時流を見通す発想があったからだ。

変わらざるものを「不易」、移りゆくものを「流行」とよんで「不易流行」を唱えたのは、俳諧の巨星である松尾芭蕉だ。

流されてしまう。よって立つ判断の基準は、「宇宙の摂理」という宇宙の大きな原理原則にしか、実際のところ存在していないのである。

これについては先駆者がいる。昭和の大経営者である松下幸之助だ。

幸之助さんは「経営の秘訣はなんですか」と尋ねられて、「天地自然の理法に従って仕事をしていることですかな」と答えている。

経営の神様とよばれるまでに幸之助さんが成功したのは、天地自然の理法を灯台のようにすえて、大局観をもって経営したからだろう。

◆ 成功を生みだす二つの考え方

経営においても、人生において大局観をもって経営したからだろう。

も、不易の部分がないと、流行に

Q.どうして宇宙の摂理なんて、大げさなことを考えるのか？

成功する考え方① 宇宙の摂理から考える

無限大のものを分母におくと、
大局観が得られる

$$\frac{商\ 売}{宇宙の摂理} = \frac{1}{\infty}$$

商売を分母におくと視界がきかず、
目先の利益にとらわれる

$$\frac{商\ 売}{商\ 売} = \frac{1}{1}$$

A.それを分母におかないと、
　先の見通しがきかなくなるのです

斎藤一人さんの "楽しく、確実に" 成功がつかめる教え

④ 自分のステージを上げるためにクリアすべきこと

◆ 答えは "ワンランク上" からやってくる

成功の条件の二つ目は、「困ったことは起こらない」ということをマスターすることだ。これによって、あなたは「あなたなりのやり方」で成功することができる。

たしかに、人生は山あり谷ありだ。生きている過程では、次々と問題が発生することだろう。

しかし、「それらは困ったことではないんだよ」と、一人さんは言う。

おしよせる難問に右往左往するときがある。問題に直面し、「わあ、大変だ」と思ったその瞬間に、

この言葉を唱えることだ。すると、答えはワンランク上のところからやってくる。そして、言葉の響きとともに、現実に対するものの見方が変わり、問題がスッと消えうせるのを実感することだろう。

◆ 人生とは "問題解決のゲーム"

人生は問題解決の連続だと言われる。問題がどんどん発生するのは当たり前のこと。それが、この世で生きている意味だからだ。

問題とは、「魂のステージを上げるために、神様が与えたプレゼントだ」と一人さん。

だから、問題を前にしてあわてることもあるだろう。

しかし、一人さんは税金を納めることをゲームにした。みんなで一所懸命に働いて、「今年も納税でトップになろうよ」というゲームである。

「困ったことは起こらない」と唱えると、とたんに安心感に満たされる。知恵と勇気が湧きあがってくるのである。

心の平安が訪れたのだ。

一人さんの例をあげよう。

一人さんは長者番付の常連なので、税務署がたびたびやってくるそうだ。

一人さんは、「苦しんだり、悩むのは、間違った問題解決をしているからだ」と教える。正しい問題解決をすると、問題自体が消え去り、その問題を楽にクリアできるだけでなく、魂のステージがひとつ上がっていくのだ。

納める所得税も、毎年十数億円という破天荒な金額。誰だって国庫に納めるのは惜しいものだ。

「困った。なにか節税の方法はな

いか」と税金対策に奔走する道もあるだろう。

しかし、一人さんは税金を納めることをゲームにした。

マイナスは、心を閉ざし、命を萎縮させてしまう。難問であっても、「困ったことは起こらない」

成功する考え方② 困ったことは起こらない

「問題」は
神様からのプレゼント

困ったことは
起こらない

問題

解決すると、
魂のステージが上がる

A.解決することによって、魂までレベルアップします

斎藤一人さんの "楽しく、確実に" 成功がつかめる教え

⑤ 人生に "困ったこと" なんて、ありません！

◆ この世に生まれてきた
目的とは？

どんな問題にせよ、解決できない場合には、悩みや苦しみが続くことになる。

たえず "悩みっぱなし" という人は、自分の出している答えが間違っているということなのだ。

こんなとき、天はこう教えてくれる。「早く答えの間違いに気づいて、困ったことは起こらないと考えなさい！」と。

そもそも、人がこの世に生まれた目的はなにか。

人が何度もこの世に生まれ変わってくるのは、「魂を向上させる」ことを目的として生きているからだと一人さんは言う。いわば、この世は、魂を鍛錬する道場なのである。

これでもか、これでもか、と問題が起こるのは、あなたの魂を成長させるためだ。魂が成長すれば、もちろん成功はつかめる。

つまり、問題とは、あなたを成長させる、あなたに固有のものである。そこでは、既成の成功法なんて役に立たない。ただ、考え方だけが問題を解決させる。

だからこそ、「本当にこのことで私は困るのだろうか」と考えることが大切なのだ。

そして、本当は困っていない。

困った出来事が、本当は困ったことではないと気がついたとき、魂のステージが上がっていく。これの問題解決が始まっている。

それは、夫婦のお互いが結婚を卒業し、魂のステージをワンランク上げることで、離婚を発展的にとらえようという解決法である。

一人さんは、道徳観念の多くが、時代精神のたまものだということを知っている。そんなことを気にせず、とらわれていることから脱することで意識のステージはワンランク上がる。

あなたが成功する上でも、そんな観念から自由になることが大切なのだ。

◆ 離婚したら、
「おめでとう！」

あるとき、離婚問題で苦しんでいる人がいた。

一人さんとお弟子さんはその話を聞き、「おめでとう」と、同時に祝福したそうだ。

「離婚は困ったことではない。卒業なんだよ。飽きるというのは、卒業だということ。神様がもういいよと知らせてくれたんだよ」

離婚で悩む地平は、どこまでも同じステージだが、「おめでとう」と言った瞬間に、違うステージである。

Q.「困ったことは起こらない」と考えれば、どうなるか？

問題

✕ 間違い

悩みや苦しみが続く

◯ 正　解

困ったことは起こらない

A.どんなことにもスラスラと挑戦できます

斎藤一人さんの　"楽しく、確実に"　成功がつかめる教え

❻この本が「簡単なんだな！」と思えれば、成功します

◆ 成功者と失敗者の違い

成功者と失敗者の違いは、どこにあるのだろうか。

秀才が失敗者に終わる。学校時代にビリだった人が社会で成功する。

なにが成功者と失敗者の分岐点になるのだろうか。

それは、「考え方」だ。

「簡単なんですよって聞いて、はい、簡単ですねって思う人は成功する人なの。失敗者っていうのは、どんなこと言っても、それは大変ですねって言うの。それが難しいんですよねって言うの」

と、一人さん。

「はい、簡単ですね」と反応するのは、最初の一歩が簡単に踏みだせるということである。

どんなに難度の高い目標であろうと、そんなことは二の次だ。踏みだすときに難しく考えないことが、なにより大切なのである。

失敗する人は、簡単なことでも大変なことにし、難しくしてしまうものだ。

世の中が大変なのではない。その人の頭の中が大変で、なにを見ても難しく見えるようになっているのだ。

「難しく考える習慣」は、失敗をどんどんよびこんでいく。そんな人が宝くじで絶対にハズレない人が

習慣をもった人の顔は、なんとも暗く、眉がひそめられ、犬だって逃げだしたくなるようなオーラが出ている。

逃げだすのは動物だけではない。ツキが真っ先に逃げていくのである。

◆ "なにもしない"のが一番危険

失敗者のもうひとつのタイプは、最初から挑戦しない人である。

なにごとも難しく考えるから、自分にはできないと、やる前からあきらめ、半歩も踏みださない。

なにが楽しいだろうか。

いる。買わない人だ。その代わり、当たることも絶対にない。

同様に、挑戦しない人が成功することもありえない。こういう人は、失敗もない代わりに、成功もないというリスクを負っているのである。

なにもしないというリスクは、せっかくこの世に誕生した、かけがえのない自分の可能性を、試すことなく終わらせてしまうということだ。

これでは魂は向上しない。なぜなら、この世に生まれてきた目的に合致していないから。そんなごほうびのない人生で、

Q.成功する人と失敗する人の違いとは？

成功 法則

失敗者

難しいなぁ

うーん…

なかなか最初の一歩が
踏みだせない

成功者

簡単だなぁ

一歩一歩、
成功への道を進んでいく

A.問題を難しく考えるか、簡単に考えるか、それだけです

斎藤一人さんの "楽しく、確実に" 成功がつかめる教え

⑦ 成功を目指すことは、とっても楽しい！

人間とは、「限界を打ち破ることに喜びを感じる動物」なんです。だったら、楽しみながら限界を超えようじゃありませんか。

◆ 自分の殻を破ってみる

自問してみてほしい。あなたの十年後の姿は、成功した人物になっていると言えるだろうか。

多くの人は自己限定したり、社会の規範に束縛されて、いつまでも同じ自分のままでいる。それは、なんとなく十年先、二十年先の自分が見えてしまう。

自分を超えなければ、成功をこの手につかむことはできない。成功者とは、自分の殻を破って、より大きな自分になった人のことだ。

では、殻とはなにか。

それは、自分と外の世界との境界線である。また、「自分はこういう人だ」という思いこみでもある。

この殻がなかなか破れない。でも、それは当然のことなのだ。

たとえば、殻の中でひなが成長する過程を考えてほしい。ひなはかえる日が来るまで、卵の殻に固く守られている。まだ成長できないのに表の世界に出たら、それこそ生きていけるわけがない。

こんな矛盾した存在が人間だ。

◆ 欲望があるから、人は成長する

一人さんは、「人間というのは、エゴで欲張りでスケベで、それでいて、どこか崇高なところを求めている」と言う。

① エゴで欲張りでスケベ。人はなんと俗で、濁った存在だろうか

② 他方で、一歩でも崇高に生きたいと願う、清な存在でもある

人間とは、清濁あわせもった存在なのである。

自分の殻を破るようなら、自分のアイデンティティは確立しない。

しかし、いつまでもその殻の中に安住していると、殻はどんどん硬くなり、ついには破れなくなる。そうなると窒息死する。人の場合なら、死ぬのは精神だ。

簡単に殻を破れるようなら、自分のアイデンティティは確立しない。

人間も同じである。

在であり、「濁＝欲望」があるから、次々と人生に問題が起こる。

欲望がまったくないという人がいたら、その人は人生からリタイアしている。

欲望はあっていい。成功とは、まず欲望の実現である。追えるうちは徹底して追えばいいのだ。

でも、いずれ問題がやってきて、次なるステージが用意される。その問題が起こったときに、「困ったことは起こらない」と、自分を超えなければならない。

そして、次なるステージへとスケールアップすることが、「清＝崇高」たるゆえんであり、豊かさなのである。

Q.自分の殻を打ち破ってみたとき、なにが起こる？

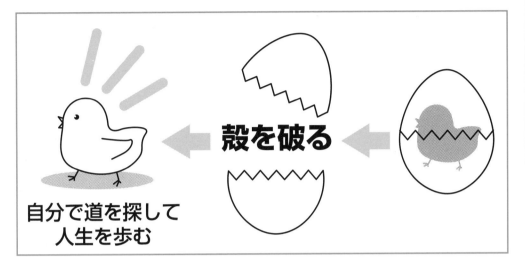

殻を破る

自分で道を探して
人生を歩む

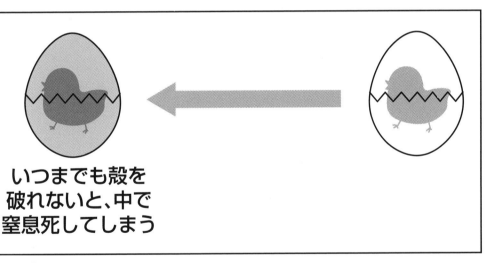

いつまでも殻を
破れないと、中で
窒息死してしまう

殻とは……

- 外の世界と自分との境界
- 外の世界の一般常識
- 自分は「こういう人間だ」という思いこみ

A.自分で自分の人生を歩けるようになります

斎藤一人さんの "楽しく、確実に" 成功がつかめる教え

⑧ "楽、簡単、うまくいく"。 そんな人生を選ぼう

◆ 楽で、簡単なドアを選ぶ

一人さんは、成功するアイデアをポンポンと、いとも簡単に出し続けている。

この知恵は、いったいどこから出てくるのだろうか。

そんな質問に、一人さんは、「この知恵は豊かさから出た。豊かな心、豊かな考え方から出たとしか言えない」と答える。

貧しい心や貧しい考え方から成功するドア、マイナスのドアではなくプラスのドアを選ぶ。

本当に成功する人とは、迷わず、こんな選択をしていける人なのである。

成功するためには、たとえば、「楽しくて楽しくて、しょうがない」というストーリーを考えればいいと、一人さんは教える。

苦しんでいては、楽しいことはなふうに、自分をふり返る。浮かばない。だから、楽で、簡単なドアから成功への道へと入ることが大切なのだ。

苦労なんて、すすんで選ぶ必要はない。貧しいドアではなく豊かなドア、苦しむドアではなく楽しいドア、失敗するドアではなく成功するドア、マイナスのドアではなくプラスのドアを選ぶ。

◆ 成功は、まったく難しくない！

一人さんを知って、人生ががらりと好転した人がいる。彼はこんなふうに、自分をふり返る。

「これまでは、成功するのは大変なことだ、という先入観がありました。

すると、その舞台で演じることが楽しく、豊かな気持ちになり、こうしたらお客さまに喜んでいただけるという知恵がどんどん浮かぶようになったのである。

考え方の転換が成功への道を開くことは多い。お客さまから「よくそんなことを思いついたな、自分に与えられた仕事を、「成功するための舞台」だと受けとめることにした。

「成功するのを難しくしているのは誰でもない、自分だったんだなあ」

そして、その人はいま、自分に与えられた仕事を、「成功するための舞台」だと受けとめることにした。

たとえば、成功した人の話を読んだり聞いたりしても、「よくそんなことを思いついたな、自分にはできそうもないな」と、他人ごとのように思うばかりだった。

しかし、一人さんの考え方に触れているうちに、こんなふうに思うようになってきた。

くんなことを思いついたね」とほめられたことが、なによりの勲章になっているそうだ。

功することができるだろうか。

うまくいかない、困った、失敗するぞと考えていて、どうして成功することができるだろうか。

成功する心や成功する知恵は生まれない。

成功する知恵は生まれない。

うまくいく、成功するドア、マイナスのドアではなくプラスのドアを選ぶ。

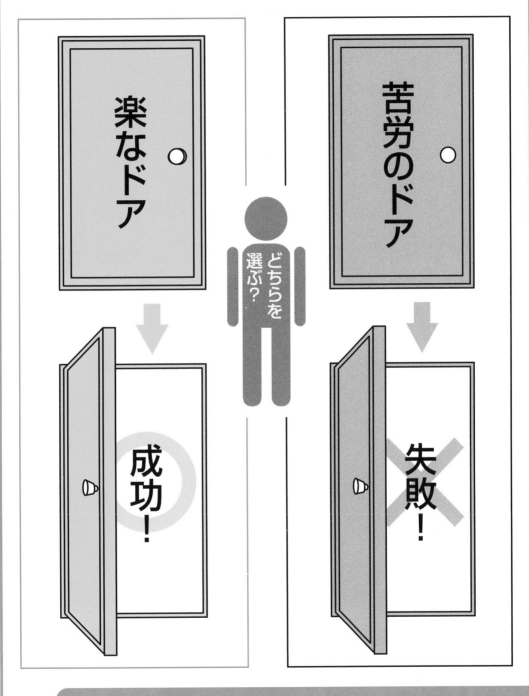

Q.成功したいなら、どちらのドアを選ぶ?

楽なドア

苦労のドア

どちらを選ぶ?

成功!

失敗!

A.迷うことはありません。「楽なドア」を選んでください

仕事にツキをよびこむ、こんな法則

❶「この人」の出現で、繁盛店になった！

◆ ブラリと入ってきたお客が斎藤一人さん

三十代前半の若い店主が江戸川区に書店をオープンさせたのは、一九九四年一月のことである。書店の名は「読書のすすめ」だ。

オープンして半年くらいたったある日のこと。ポロシャツ姿に口ひげをたくわえた男性客がブラリと入ってきた。なにか探しているようだ。

その店主は、テキパキと処理しながら、「この本もいいですよ」と、気合をこめて紹介した。

「オレさ、江戸川区が大好きなん

だよ。君みたく、若くってがんばっている人がいるとうれしくってさ。これとっときな」

そう言って、その人は一万円札を手渡そうとした。見ず知らずの人から受けとるわけにはいかない。「いいから、とっとけ、とっとけ」と押しこむようにされ、断ることもできなった。その男性客こそが、四十七歳のころの一人さんだったのである。

彼はサラリーマンを辞めて、絶えずリスクを感じながらも経営を続けてきた。頼るものがなかなかで、一人さんの言葉は心の支えとなった。

「強気というのは、傲慢とは違うんですよ。自分を信じて貫き通す

◆ 健全なる自己チュウを通そう

「一番学んだのは、強気で行け、ということですね」

そう語るのが、このときの店主、清水克衛さんである。

「『健全なる自己チュウ』ということを一人さんは言うんですが、強気って、そういうことかなと思います」と清水さんは分析する。

「不健全な自己チュウ」というのは、他人のことを考えず、自分中心の行動をすることを言う。

とすれば、「健全なる自己チュウ」とは、相手のこと、お客さまのことを考えながらも、自分の信

ようにした。

自分がこうだと信念をもっていることは、最後までやりきるという姿勢。それが強気というものだ。

経営をするようになると、弱気になることがある。ここを、一人さんは勇気づけてくれたのだった。

念を貫き通すということだ。

Q. "自分中心に考えなさい" ってどういうこと?

● 不健全な自己チュウ

似合うかしら…

無　視

自分中心の行動しか
しない

● 健全なる自己チュウ

よく似合ってますよ!

じゃあいただくわ!

思いやる

相手のことを考えながら
も、自分の希望は
押し通す

A. "自分の希望" を "相手のことを考えながら"
　　実現することです

仕事にツキをよびこむ、こんな法則

② 儲かるために必要な「商人アタマ」とは？

斎藤一人さんの教え

ビジネスにおいては、「商人頭」と「客頭」を区別することです。そして、徹底して「商人頭」を貫きましょう。

「商人頭」がないと「お客さん」にされる

物やサービスを売っている商人は、自分は買う立場ではないと思っている。しかし、商人を「お客さん」にしている業者は山ほどあるのだ。

たとえば、商いには商品や資材の仕入れが必要だ。仕入れというのは買うということ。業者からは売るということで、このとき「商人」が徹底していないと、「お客さん」にされてしまう。

「お客さん」にされるとは、ムダなものを売りつけられてしまうということだ。

「十個仕入れていただいたら、一個おまけしときます」とすすめられて仕入れたものが、不良在庫にならなかったためしはない。

こんなふうになってしまうのも、すべての責任は商人の側にある。つまり、売る立場にありながら、考え方が "商人" になっていない。つい自分が購入するときには「客頭」で考えてしまう、という甘さがあるのだ。

世の中には "コンサルタント" という商売がある。"商人" たちに発想を売る仕事だ。

「店内装飾をこのプランのように変えたら、売上が上がりますよ」

「お客さん」と書いている。その微妙な違いに気づいてほしい。

こんな提案が、いつものように繰り返される。しかし、すすめられるままにハイハイと従って売上が上がるほど、世の中は甘くない。不良在庫に投資するには周到な計画が必要なのである。

商売に「客頭」の意識が入りこむと、その商売には甘さが出てくる。そうなると、儲けは出ない。

いろんな業者から、吸血鬼のように儲けを吸いとられてしまう。

商人の使命は儲けること

儲けることを念頭において、商売に必要ないものを徹底的にそぎ落とす意識が「商人頭」である。

商人の使命は、儲けることだ。

「客頭」の意識があると、その使命に反することになる。使命に反しては、この厳しい競争状況で生き残ることはできない。

文中では、「お客さま」ではなく「お客さん」と書いている。そのの微妙な違いに気づいてほしい。

繰り返される。しかし、すすめられるままにハイハイと従って売上が上がるほど、世の中は甘くない。不良在庫に投資するには周到な計画が必要なのである。

儲けるには、生産性を高めること。そして、コストを徹底的にそぎ落とすことが必要だ。

これは、一人さんのオリジナル言葉である。

Q.「お金が入ってくる発想」とはどんなものか？

客　頭

- 「お客さん」の発想
- ものが客観的に考えられない
- すすめられるままに買ってしまう
- いつまでも儲からない

お金が出ていく発想

商人頭

- 「商人」の発想
- 生産性やコストをいつも意識することができる
- 使命感をもってことに臨んでいる
- つねに「儲かる」考えかたができる

お金が入ってくる発想

A.それは「商人」の発想をすることなんです

③ "魅力" があれば、ビジネスはうまくいくもの

仕事にツキをよびこむ、こんな法則

◆業績が悪くなったのは、"メッセージ" である

業績が悪くなったら、どうしたらいいのだろうか。

答えは「変える」ことである。

変えるのは、あなた自身であり、ビジネスそのものだ。

さて、どうするか。

いかなる理由でも、業績が悪くなるのは、「なにかを変えなさい」という天からのメッセージだ。

すると、人は、「景気さえ回復すれば、景気が良いほうに変われば」と願うことになる。でも、それで景気が上向くわけがない。

そこで、「政治が悪いからだ」と、責任転嫁する。これでも、状況はなんら改善されない。

たとえば、店にとって、立地は大切な要件である。ところが、駅前の再開発でお客さまの流れが変わることがある。お店の前の往来が半減し、業績が急激に悪化する。

自分が変わるしかないのである。この悪くなった立地で儲かるようにするか、思いきって場所を変えるしかない。

景気が悪くなったために、店の売上が下がったとする。

変えることだってあるからだ。その証拠に、どんなに悪い立地でも繁盛している店がある。人通りのとだえた横道に行列のできるラーメン屋があったりする。

その店の、なにか「これだ」という魅力にひきつけられて、お客さまは集まる。立地よりも、たとえば味の魅力が勝っているのだ。

まうことだってあるからだ。

そこで、神様から「問題」が出されたわけだ。この状況をクリアしてみなさいと。

神様は、解決できないような問題は出さない。「困ったことは起こらない」と唱えて、変わってみようと一歩を踏みだすことだ。

こういう問題が起きたのは、不便になれば見放される店だったからである。

◆魅力アップで危機を乗り越える

立地が悪くなったくらいで客足がとだえたお店は、便利だったからお客さまから支持されていただけだということがわかる。

この場合、どちらがいいかと言えば、前者である。なぜなら、立地をいいところに変えたところでお客さまから支持されていただけだということがわかる。

で、そこの環境がまた変化してしまう。

不便な立地であろうと、この店にしかない魅力をつくってくれれば、お客さまは山を越えてでもやってきてくれる。そう気づいて、魅力をつくることだ。そのとき、忘れてはならないのは、あなた自身の魅力アップである。

Q.ビジネスに成功するには、どうしたらいい？

● 魅力がない店は……

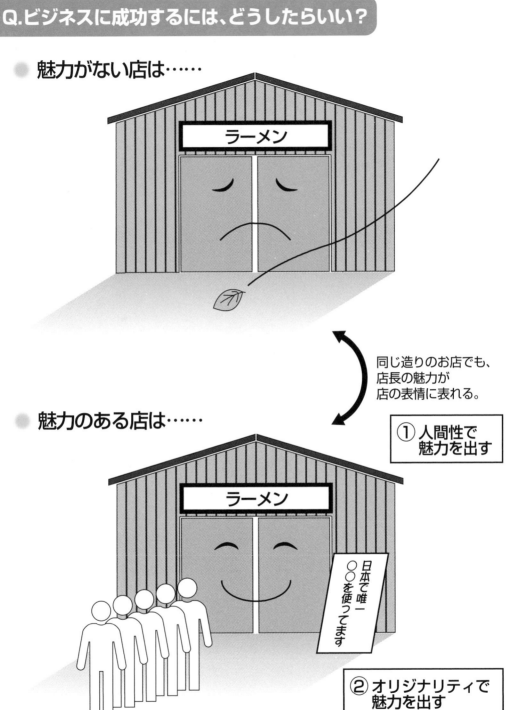

同じ造りのお店でも、店長の魅力が店の表情に表れる。

① 人間性で魅力を出す

● 魅力のある店は……

ラーメン

日本で唯一
○○を使ってます

② オリジナリティで魅力を出す

A.一言で言えば「魅力」をつくればいいんです

④ "魅力貯金" が、幸運を
どんどんよびこんでくれる

◆ "魅力貯金"で
ツキをよぶ

ビジネスでうまくいくために
は、人が魅力的であることが大切
だ。魅力は引力と似ていて、お客
さまを引きよせる原動力となるか
らである。

あるとき、一人さんは「魅力貯
金」という、とてもおもしろい話
をしたことがある。

魅力貯金は、現代の「万善簿」
だと言ってよい。万善簿というの
は、「積善の家には余慶あり」の
考え方がベースにあり、良いこと
を積み重ねていくとツキがあると
いう実践法だ。

もともとこの方法は、古く中国
から伝来し、日本でも信奉する人
が多かった。

ただし、一人さんの「魅力貯金」
は、もっとスケールが大きい。な
んせ、胴元が宇宙で、魅力ある言
葉で話したり、魅力ある行動をす
ると、宇宙にプラス得点がどんど
ん貯金されていく、というものな
のだ。

プラス得点に対して利子がつ
く。これがツキとなって現れる。
貯金額が高いほどツキも大きい。

やり方は簡単。帳簿に、良いこ
とをしたら「〇」、良くないこと
をしたら「●」を記録し、〇の点
数がたまるとツキが生じるのだ。

反対に、魅力のない言動をする
と、魅力貯金がマイナスになる。
つまり貸し出しの状態である。
利子は借りたほうがはるかに高
い。魅力のない人には、金利が雪
だるまとなって、悪い出来事が
しかかってくるのである。

ツキとは魅力ある言動への金利
だ。魅力ある人には、「いいこと」
がいっぱい起こってくる。

〇が多くなれば、きっとあなた
の商売やビジネスでツキがやって
くる。業績も上がっていくはずだ。

通帳をつくると、検証すること
もできる。〇●欄の横に売上を記
入するのだ。これを何か月、何年
か続けていくと、やがて正比例す
るのがわかってくる。

さらに、人の魅力だけでなく、
魅力ある商品を開発したり仕入れ
たり、魅力ある売り方をしていけ
ば、ビジネスは大ブレイクするに
違いない。お客さまは、魅力ある
人から、魅力的なものを買いたい

◆ これでビジネスは
大ブレイクする

あなたも「魅力貯金」の通帳を
つくってみてはどうだろう。魅力
ある言動をしたら「〇」、魅力の
と期待しているのだから。

Q.では「魅力」をつくるにはどうしたらいいか？

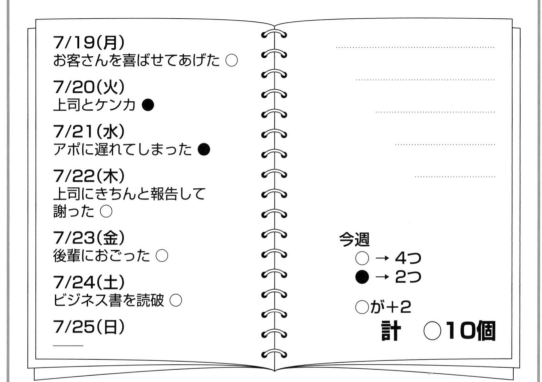

7/19(月)
お客さんを喜ばせてあげた ○

7/20(火)
上司とケンカ ●

7/21(水)
アポに遅れてしまった ●

7/22(木)
上司にきちんと報告して
謝った ○

7/23(金)
後輩におごった ○

7/24(土)
ビジネス書を読破 ○

7/25(日)
——

今週
○ → 4つ
● → 2つ

○が+2
計 ○10個

「○」が増えるほど、
ビジネスにもプライベートにも
ツキが回ってくる

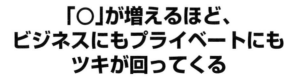

A.毎日毎日、「魅力」を貯金していけばいいんです

仕事にツキをよびこむ、こんな法則

⑤ お金をかぎりなく増やす「笑顔の法則」

◆ どうして笑顔ができないのか？

三人の経営者が、恒例の朝食会でこんな会話を交わしていた。

「笑顔で接しなさいと言うと、お客さまが来られたときしか笑わない人がいるので困っている」

それを聞いて、別の経営者が、

「うちはどんなに言っても、お客さまに笑顔ひとつ向けませんよ」

と、嘆いたそうだ。

三人目は、「笑えと言っただけで、怒りだす始末です」

この話は、笑い話でもなければオチがあるわけでもない。日ごろから笑顔でいることが、どれほど難しいかを紹介したまでである。

人間の一番魅力的な顔は、笑顔である。顔の筋肉を丸くイメージするだけでできあがる表情だ。

なのに、どうしてこの笑顔ができないのだろうか。

それには、簡単な理由がある。

自分の顔が、自分には見えないからだ。

あるお店に行くと、遠くで怒っている人がいる。歩いて近づいてみると、その人は鏡に映った自分の姿だった。なんともショックな話だ。

別に怒っているわけではないのに、鏡に映ったその顔は、怒ったように見えたのだから。

自分の顔が怒ったように見えたのは、×の表情があったからだ。

「×の表情」とは、眉がつりあがり、口元がへの字になっている。

これでは怒ったように見えてもしかたがない。

一人さんによれば、眉間のあいだには「第三の目」とよばれる心の目があると言う。

顔に「×の表情」があると、この「第三の目」を開いてくれるのだ。

ビジネスにおいて、笑顔は必需品である。客商売だけではない。社内でだって、笑顔の社員のほうが上司にダンゼンかわいがられる。恋愛だってそうだ。

人の一番魅力的な顔は、笑顔だ。そのトレーニング法はひとつしかない。ふだんからニコニコすることなのだ。

◆ 第三の目を開き、○の表情になる

では、どうするか。

一人さんは、このように言う。

「幸せになるには、顔に○（マル）の表情を描くこと」

「○の表情」とは、眉が下がり、口角が上がっている表情だ。つまり、笑顔である。笑顔こそが「第三の目」を開いてくれるのだ。

心の目が閉じてしまう。心の目は、この世の大切なものを見ることができる目。大切なものが見えないと、幸せにはなれない。

Q.「魅力のある顔」になれますか？

● ×の表情

・眉がつり上がっている
・口元がへの字

怒ったように見える

ツキが回ってこない

● ○の表情

・眉が下がっている
・口角が上がっている

笑っている顔

魅力的に見える

A.それには、「○の顔」でいることが大切です

仕事にツキをよびこむ、こんな法則

⑥ 努力をするより、知恵を使おう！

◆ 三％は努力。三〇％なら知恵！

企業経営で、「生産性を三％上げなさいと言うと、現在の延長線上で"努力"しようとする。しかし、三〇％上げなさいと命じると、"知恵"を絞りはじめる」といわれる。

これは「努力」と「知恵」の違いを説いた話である。

一人さんは、努力について、

「これは、やりたくないことをイヤイヤするということです。やりたくないことをしている人間が幸せであるはずがありません。つまり、努力すると人間は不幸になる

のです」と、一刀両断に切り捨てている。

では、一人さんの目指すビジネスとは、どういうものか。答えは、ふだんの三倍の努力をしたらと、知恵を使うという

かかるのだ。無理というほかない。

たとえば、年収五百万円の人が十倍の五千万円の収入を得るには、どうすればいいか。考えてみてほしい。

努力には、このように限界がある。それに、なにより楽しくないだろう。

十倍の収入を得るのに十倍の努力が必要なのではない。年収五百万円を、十分の一でやれる知恵が必要なのだ。

知恵とは、質を変えることである。量を量でもって制するのではなく、量を質でもって制すること

◆ 知恵さえあれば、不可能はない！

年収五百万円の人は、そもそも、すでにかなりの努力をしているはずだ。その延長線上で五千万円に

するには、十年が必要だ。つまり三千六百五十日である。

これでは時間がかかりすぎるだろうか。それでも千二百日以上

としよう。それでも千二百日以上かかるのだ。無理というほかない。

一人さんは、簡単に答える。

「ポルシェを持ってくればいいじゃないか」

人間の走るという機能をいくら努力で縮めても、十秒を切るのは至難の業だ。だったら、走る機能をもったものをもってくればいいではないか。ズルではない。これがビジネスの知恵というものだ。

パソコンで効率化できる仕事なら、パソコンに標準化して、パートの人におきかえる。ある

いは仕事を標準化して、パートの人におきかえるなど。ビジネスでは知恵の発揮に制限はないのだ。

たとえば、百メートル五秒以下で走れ、と言われたらどうするだろうか。

Q.100メートルを5秒で走れ、と言われたら……

● 普通の人は ▶ 一所懸命に努力

● 成功する人は ▶ 知恵で克服

A.ようするに「知恵」を使えば、不可能なこともできるんです

仕事にツキをよびこむ、こんな法則

⑦ "渡り鳥"になって、みんなで成功をつかむ

◆組織のみんなが成功者になれる方法がある。それが一人さんの教える「渡り鳥経営」だ

組織のみんなが成功者になれる方法がある。それが一人さんの教える「渡り鳥経営」だ。

渡り鳥は、子孫を残すために繁殖する土地と、厳寒の冬を越す土地とが違っていて、毎年、海をはさんで移動をくりかえす。

この広大な海を越えるというのは、小さな体の渡り鳥にとって大仕事だ。一羽単位では渡りきれるものではない。

そこで、集団になって、「海を渡る」という大事業を成しとげるのである。

◆この"渡り鳥"感覚が必要!

これをヒントにして、一人さんは「渡り鳥経営」を編みだした。

経営者だけでなく、人と仕事をするどんなビジネスマンにも大事な考え方だと思う。

「渡り鳥というのはね、空を飛ぶときにV字形になるの。なぜV字形かというと、一羽がはばたくと、後ろに上昇気流ができる。この上昇気流に乗ると、後ろに飛んでいる渡り鳥は楽になるの。すると、飛距離が七〇%も延びる。飛ぶのがすごく軽くなるんだよ」

と一人さん。

上昇気流に乗ると、七〇%も飛距離が延び、格段に生産性が高まるというのだ。

◆牽引役は"元気な者"がやればいい

このとき、先頭の渡り鳥の責任は重大だ。後ろで飛んでいる渡り鳥は、鳴くことで先頭のリーダーを応援する。

たくさんの渡り鳥がひとつの目的に向かってがんばる。疲れ果てると、先頭を代わることがある。元気な者が、さっと前へ飛びだしてくるのだ。

これを、企業におきかえてみよう。

先頭には、二種類の人間がいる。

社長に代表される企業経営のトップと、優秀な営業マンのような業績のトップだ。

ところが、人間の集団になると、陰でヒソヒソ悪口を言う。トップの足を引っ張ろうとする。

「だから、飛距離が延びないんだよ」

そう一人さんは忠告する。

みんなで協力しあって飛距離を延ばせば、この不況も渡っていけるはずなのだ。

ポイントはこうだ。トップは上昇気流をつくること。その上昇気流をみんなでうまく活用して、企業としての業績を上げること。上昇気流をつくりだしている人に対しては、熱いエールを送ること。

これが、渡り鳥経営なのである。

Q.「渡り鳥経営」とは何？

上昇気流

● まわりの鳥はトップを
　応援する

● トップがバテて
　きたら、元気な者が
　交代する

A.全員で成功するために、絶対に必要な考え方です

⑧人には、いくらでも「いいこと」をしてあげよう

斎藤一人さんの教え

自分の知っている「いいこと」を人に教えてあげよう。すると、自分にとって必要な「いいこと」がやってくるんです。

◆ 手放すから、必要なものが手に入ってくる

良いことは、人に教えてあげることだ。すると自分にとって、もっと必要なものが手に入る。

ビジネスで月に五百万円を売り上げた人は、五百万円を売り上げるノウハウを活用しているはずだ。この人たちは、次にどうすれば、もっと幸せになれるのか。

それは、自分の知っている方法をほかの人に教えることだと、一人さんは言う。

「お金持ちになる方法や、月に五百万円売り上げる知恵は、自分ができることが、成功するためには必要なのだ。成功は、みんなが使い切ってしまった知恵です。もう自分には用がなくなったもので、いてこそつかめる。それが「渡り鳥経営」の感性なのである。

というのは、お金持ちになる方法を知っている。

ビジネスで月に五百万円なり一千万円を売り上げる知恵は、人にあげていいのだ。

すでに使ってしまった知恵は、自分にはもう無用のものである。無用なのに、使用済みの知恵を人に教えないのは、貧乏くさい。

「貧乏くさい人間は、かならず貧乏になります」

そう一人さんは言う。

知恵を伝えたり、素直に聞いたりできることが、成功するために必要なのだ。成功は、みんなが使い切った知恵は、どんどんまわりの人に渡していこう」

相互作用のうちに、みんなが成功者になれるようにしたい。

営業でトップに立ちながらも、その方法をひた隠しにする人がいる。同僚に伝えたら損をすると思っているのだ。

これは情報を囲いこむタイプの人である。これを前の「渡り鳥経営」に当てはめたらどうなるか。

上昇気流を起こせない人なのだ。リーダーたる資格のある人であれば、七、八百年も前に「放てば手に満てり」と説いた。放してしまえば、あとから必要なものが手に入ってくるということだ。

逆に言えば、"放せる人"こそ、上昇気流を起こせる人なのだ。リーダーたる資格のある人であれる。

◆ 「使用済みの知恵」は交換しあう

たとえば、お金持ちになった人

曹洞宗の開祖である道元禅師は、七、八百年も前に「放てば手に満てり」と説いた。放してしまえば、あとから必要なものが手に入ってくるということだ。

月に五百万円売り上げた人が次に必要なものが手に入る。同僚に伝えたら損をすると思っているのだ。

これは情報を囲いこむタイプの人である。これを前の「渡り鳥経営」に当てはめたらどうなるか。囲ってしまうから、まわりに上昇気流が起こせない。みんなで飛ぶのに邪魔になるだけだ。

また、囲いの中にいる自分には、新しい情報が入らなくなる。そして、失速していく。

Q.人に「いいこと」を教えてあげると……？

● 情報を囲いこむ人は……

← まわりから情報が
入ってこない

● どんどん情報を提供すると……

舞いこん でくる

200万円の知恵　　800万円の知恵　　200万円の知恵

 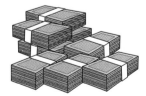

A.それ以上のことを人から教えてもらえます

もっと "成功するやり方" で仕事をしよう

① プロは、どんなときでも人から感謝される

◆ プロだからこそ、お客はお金を払う

どんな世界でも、仕事をしたら、その見返りとしてお金がいただける。その仕事に対して、対価が支払われるということだ。

もっとも、アマチュアの仕事では、お金はもらえない。

言いかえれば、これだけ汗水たらして一所懸命に働いたのに、どうしてお金が入ってこないんだと怒っている人は、アマチュアなのである。

プロの仕事には、黙っていてもお客さまのほうからお金を払ってくれるのだから、当然だ。

一人さんは、貼り紙一枚でもプロの仕事は違うんだよと、事例をあげて教える。次のようなものだ。

●事例1・シャッターが壊れて半分開いているお店の貼り紙……アマチュアは「シャッターが壊れています」で終わり。プロは「シャッターが壊れていますが、中で元気にやっています」と書く。

●事例2・休業するときのお知らせの貼り紙……アマチュアは「○月○日から休業します」で終わり。プロは「○月○日まで慰安旅行に行ってきます。○日には、お土産のお菓子を用意してみなさまのお越しをお待ちしています。楽しみにしていてください」と書く。

●事例3・お好み焼き屋さんのテーブルの火元の貼り紙……アマチュアは「ガス栓にはさわらないでください」で終わり。プロは「ヤケドをすると大変です。ご用のときには、いつでも、何度でも、お声をかけてください」と書く。

◆ 休業でも「ありがとう」と言われるように

一人さんのあげる事例は、まだまだある。

プロの言葉には、お客さまへの配慮があることがわかるだろう。お客さまが読んで、どう受けとめられるかが、お客さまの立場から練りこまれているのだ。

これに対して、自分の立場から一方的に書いているのが、アマチュアの文章だ。アマチュアは、自分の言いたいことを言ったら、それでよいと思っている。伝えることを伝えたら、これで仕事は終わったと思っているのだ。だから、お金がもらえない。

プロの貼り紙を読むと、お客さまは「ありがとう」と言いたくなる。プロと言われる基準は、ここにあるのである。

Q.「プロ」と「アマチュア」はどこが違う？

● アマチュアの発想

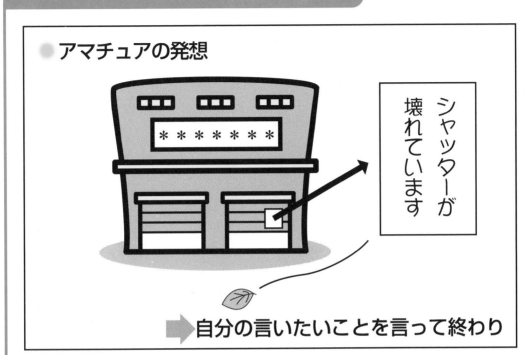

シャッターが壊れています

➡ 自分の言いたいことを言って終わり

● プロの発想

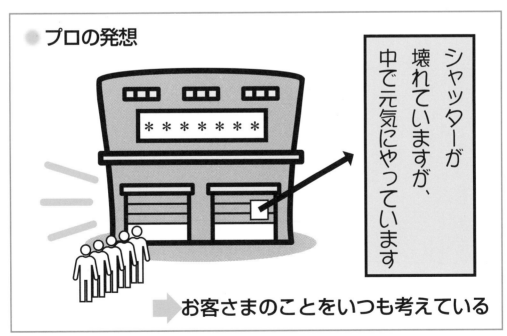

シャッターが壊れていますが、中で元気にやっています

➡ お客さまのことをいつも考えている

A.相手のことをつねに考えているかどうか、ここが違います

もっと〝成功するやり方〟で仕事をしよう

❷ 「完璧」なんて、目指してはいけません

◆ 失敗の中から成功の種を探す

水が半分入っているガラスのコップを想像してほしい。

このコップを見て、完璧主義の人は、「半分足りない」とストレスを感じて、コップいっぱいに満たさなかったことを責める。この人は、完全でないことが許せない性分なのだ。

それは、マイナスの部分に目が行くということ。完全でないことがストレスの種で、自分や他人を責めたりするのだ。

失敗を許容しないと、仕事にもならない。どんな仕事にも失敗は

つきものだからだ。

完璧主義者は、完璧を求めすぎるあまり自滅して、成功できないのである。

では、反対のタイプである〝不完璧主義者〟なら、どう言うか。

コップの水を見て、

「半分入ってるね。いっぱいにしたいなら、あと少し水を継ぎ足せばいいよ」

と反応することだろう。

不完璧主義者は、うまくいったところを喜ぶ。失敗を責めず、失敗の中から成功の種を探すことができるのだ。

◆ 失敗のプロセスを楽しもう

失敗を改善したプロセスの結果として、成功がある。

失敗を繰り返しながら、成功へいくつも発見したことが大切だ。

これは、空のコップに水を注いでいくプロセスを見つめた言葉とあげながら言う。

一人さんは、エジソンの事例をあげながら言う。

「失敗ではなくて、小さな成功だと考えてみましょう」

エジソンは、失敗のプロセスを楽しむことができた。だからこそ、失敗に対する許容範囲が広く、発明王とよばれるほどの成功を成しとげたのだ。

不完璧主義者は、プラス思考の人であり、人を責めない。だから、みんなから好かれる。失敗を楽しめる心が、成功をよびこんでいるのだ。

なく、こう語ったという。

「私は一度も失敗していない。フィラメントに適していない物質をいくつも発見しただけです」

エジソンが電球を発明したときの話だ。

電球のフィラメントに合う素材をいくつも試し、やがて日本の竹が適していることを発見する。そのプロセスでおびただしい数の失敗があったことが知られている。

だが、エジソンはくじけること

Q.完璧を目指してはいけないのですか?

● 完璧主義者は……

半分足りない!

足りないことにストレスを感じる

自分や他人を責める

● 不完璧主義者は……

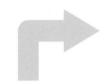

半分入っているね!

あと半分、足せばいいんだと思う

次の展開にすぐ行動を移せる

A.いけません。「不完璧主義」を目指してください

もっと "成功するやり方" で仕事をしよう

③ 素直で、「教えられ上手」の人になろう

> ### 斎藤一人さんの教え
>
> 素直な心で仕事をしましょう。そうすれば、仕事は、すべて自分の力になっていきます。

◆「教えられ上手な人」になる

教えることも、教えられることもヘタなのが人間だ。教えられると損をすると思っているし、教えるのは癪だと受けとめる。

なぜ、そうなるのかというと、「小我」があるからだ。小さなエゴが邪魔して、人は素直になれないのである。

「素直な心とは、なにごとにもとらわれず、かたよらず、こだわらず、見て、考えて行動する心である」と言った経営者がいる。前にも紹介した大経営者、松下幸之助である。

幸之助さんもやはり、素

直な心の大切さを訴え続けたのだ。

しかし、多くの人は、とらわれるし、かたよるし、こだわり続けてしまう。

仕事で、もっと良い方法があるにもかかわらず、自分の方法にこだわり続けたり、人から教えてもらうことをよしとしない。

そればかりか、我流を独創性だと勘違いして、逆に悪化させてしまうこともある。

いや、悪化させるだけではない。自分の成長を自分で阻止する結果になってしまうのだ。

「私は自分独自の方法でやります

から」

「オリジナリティを大切にしていますから」

聞こえはいいが、そんな意地をはってきた結果が、いままでの成績なのである。それを忘れてはいけない。

◆「バランスの法則」が見返りを保証する

人に「いいこと」を教えると、その見返りは必ずある。なぜ見返りがあるのか。それは、宇宙にはバランスの法則が働いているからだと一人さんは言う。

「素直なら、人から聞いた良い話は、全部自分の身について実力になっていくんだよ」

こう一人さんは教えている。

素直な心は、まわりにある良いものをすべて自分のものにし、自分の実力にすることができる。仕

事をする上で、こんなに良いことはない。ギブ＆テイクを活発化させることだ。

① 知っていることをもったいをつけずに教えること

② 知らないことを素直に聞こうとすること

人に「いいこと」を教えると、必ずそれ以上のものが返ってくる。反対に、奪って、奪って、奪い尽くすと、いつかそれ以上の大きなツケを払わされるものだ。

Q.「バランスの法則」とは？

1 知っていることを、もったをいつけず教えてあげる
2 知らないことは素直に教えてもらう

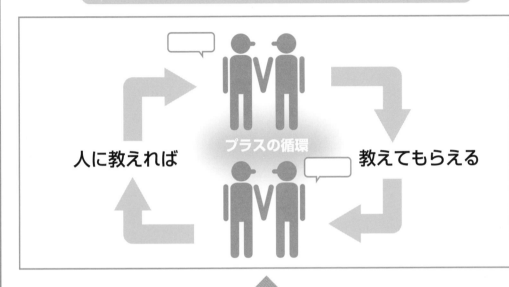

人に教えれば　　プラスの循環　　教えてもらえる

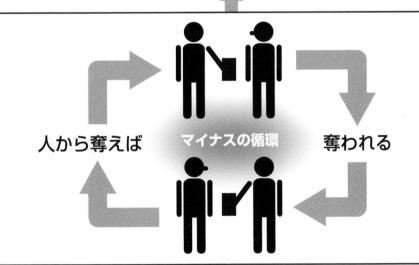

人から奪えば　　マイナスの循環　　奪われる

つねにバランスは保たれる　

A.プラスのことを、すべての人に循環させる方法です

【目標達成法1】
④壁にぶち当たっても、スピードは落とさない

◆目標と現実の二つのギャップ

「成功したい」と、目標を描くと、成功した自分とのあいだにある「ギャップ」が浮き彫りになる。

①客観的に存在するギャップ
②ギャップに対する自分の意識

この二つを乗り越えていかないと、達成はないのだ。

たとえば、起業したいという目標をもつと、市場価値のある商品や技術はあるか、資金はあるかなど、客観的なギャップが浮き彫りになってくる。

このギャップは誰にも共通に存在する。しかし、ギャップに対する意識は、人によってさまざまだ。

むしろ、ギャップに対する自分の意識こそが、最後の最後に問われる。

「いや、私にはできそうにない」と、やる前からあきらめている人がいる。

ハナからあきらめてしまって可能性も開発されず、何事も始まっていかない。

と、湧く知恵も湧かない。自分の可能性も開発されず、何事も始まっていかない。

たとえば、起業したいという目標をもつと、市場価値のある商品や技術はあるか、資金はあるかなど、客観的なギャップが浮き彫りになってくる。

では、一人さん流なら、どんな

ふうになるだろう。

「困ったことは起こらない」と、「困ったことは起こらない」と心を軽くして、自分をスケールアップしていけるかどうか。

「あなたが行動して出てきた抵抗は、あなたが自分のエネルギーに変えてしまいなさい」

そう一人さんは言う。

では、自分のエネルギーに変えてしまう方法はなにか。

「失速させないこと」だ。

目標を達成させたいなら、失速は禁物。失速とは、摩擦や抵抗に屈してしまった証拠だ。

空気抵抗があるからこそ、飛行機は大空に飛びたっていけることを忘れてはならない。

◆目標と現実の二つのギャップ

「成功したい」と、目標を描くと、成功した自分とのあいだにある「ギャップ」が浮き彫りになる。

①客観的に存在するギャップ
②ギャップに対する自分の意識

この二つを乗り越えていかないと、達成はないのだ。

どんなギャップにもニコニコしてのギャップを乗り越えていく。

しかし、それでも何度も何度もギャップは現れる。「客観的に存在するギャップ」を乗り越えていきながら、あと一歩、わずか半歩というところで、ギブアップすることがある。

この、わずかな壁が、最大の逆風なのだ。ギリギリのところで、「ギャップに対する自分の意識」が試される。

悩んでいるときに、どういう考え方をするかによって、成功する

◆どんな場面でも、失速してはいけない

かどうかが決まっていく。この瞬間にも、「困ったことは起こらない」

Q.目標を達成するにはどうすればいいのですか？

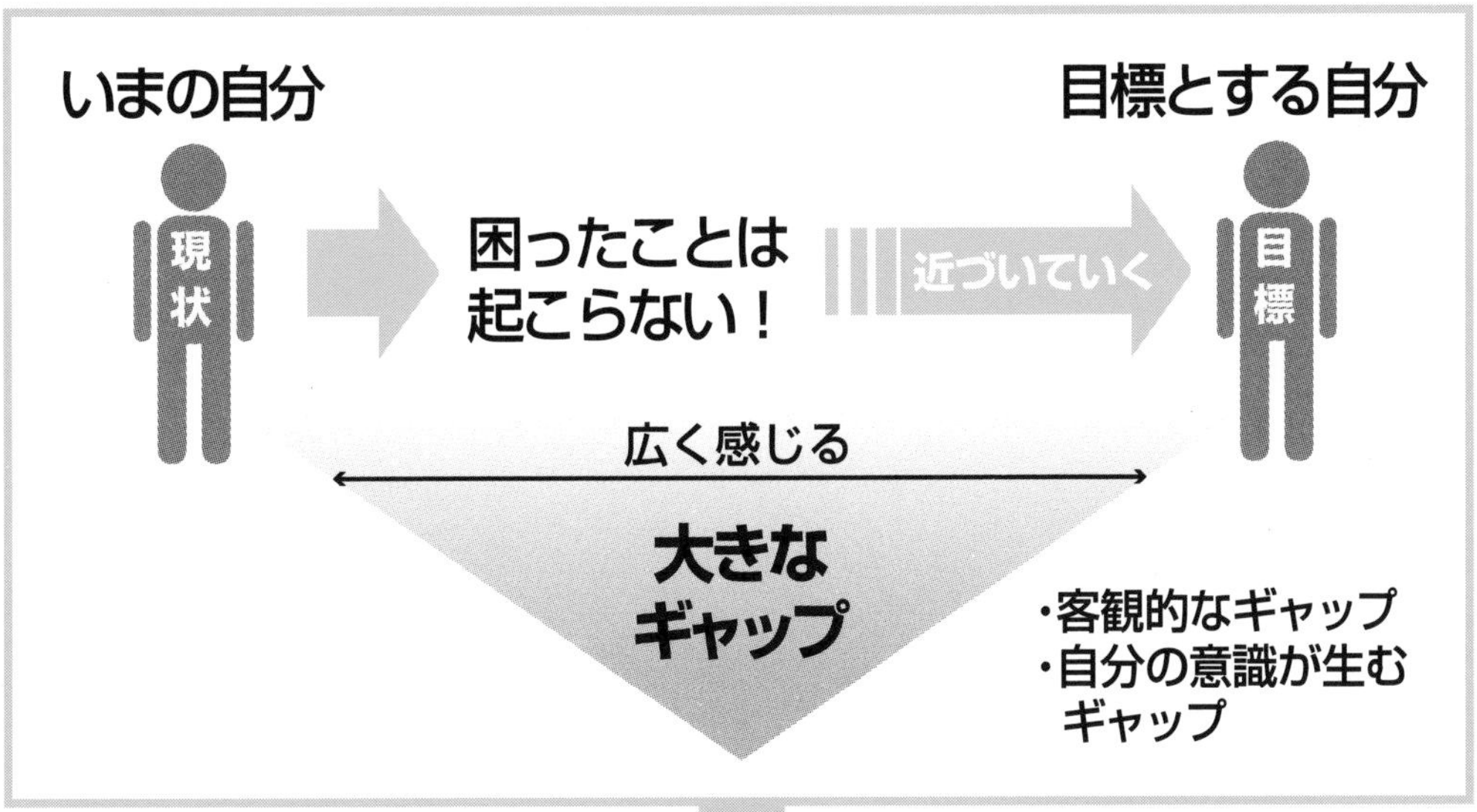

いまの自分
目標とする自分
現状
困ったことは
起こらない！
近づいていく
目標
広く感じる
大きな
ギャップ
・客観的なギャップ
・自分の意識が生む
ギャップ

目標に近づくと

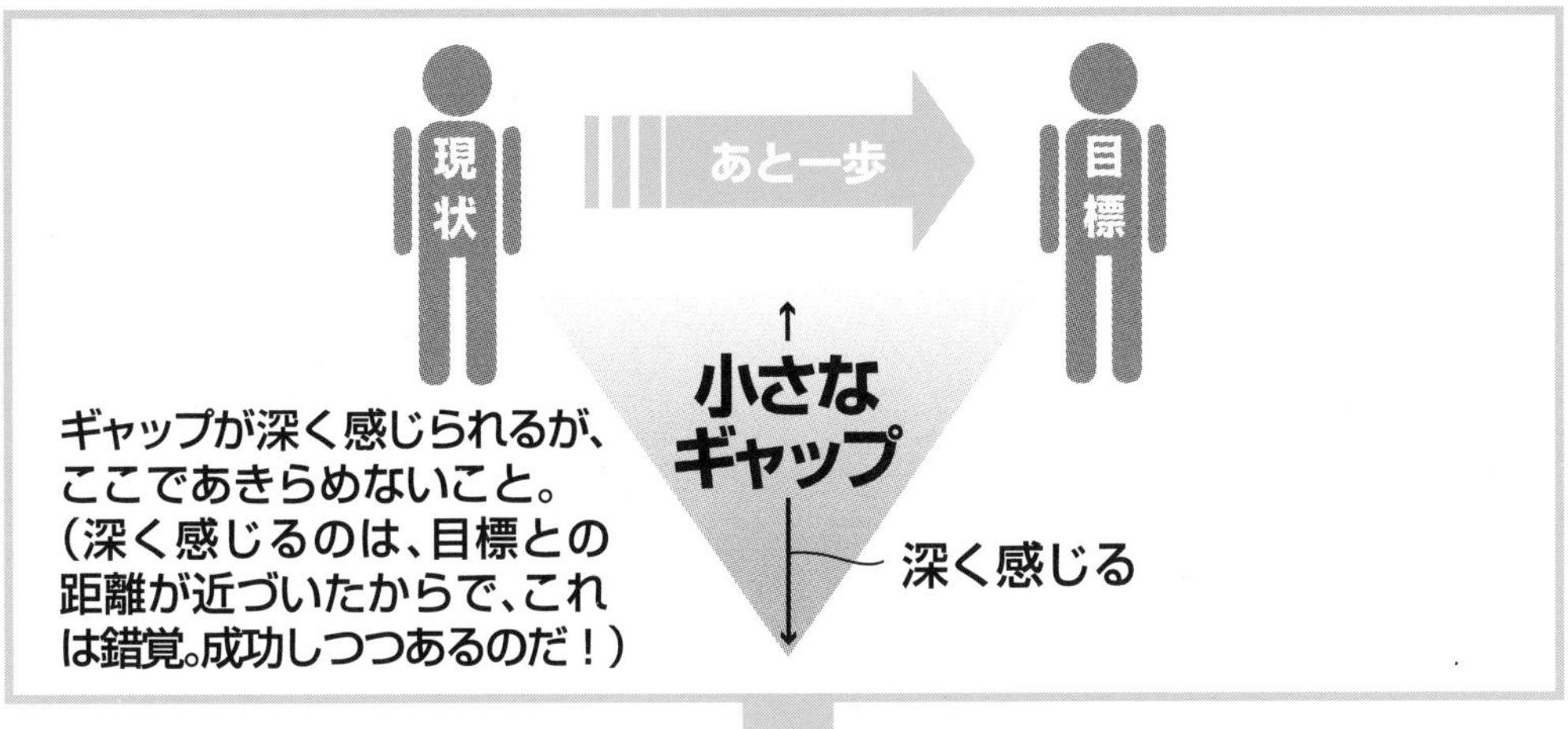

現状
あと一歩
目標
小さな
ギャップ
ギャップが深く感じられるが、
ここであきらめないこと。
（深く感じるのは、目標との
距離が近づいたからで、これ
は錯覚。成功しつつあるのだ！）
深く感じる

こうして目標は達成されていく

A.途中にあるギャップを、あきらめずに進めていくことです

【目標達成法②】

⑤ 本当の目標は "ヒミツ" にしておこう

◆ 大きな目標は誰にも漏らしてはならない

一人さんは、大きな目標はヒミツにしたほうがよい、小さな目標は口に出してしまおうと、達成法を教えている。

なんとしても達成したいという、大きな目標はひとつに絞る。それはライフワーク級の目標だ。

この目標は、誰にも言わないこと。言いたくてムズムズしていても、黙っているとフラストレーションがたまり、目標達成へのエネルギーがふくらむ。

ダムに水を貯めるように、爆発寸前のパワーをストックしておるか上の目標なのである。

たとえば、相撲取りで考えてみよう。横綱になるというのは、大目標だ。

しかし、誰にも口外しない。いや、言えるものではないだろう。

序ノ口から始まり、幕下までの下位グループは、まだ関取ではない。名前も「〇〇さん」と、普通によばれる。

十両の上が幕内で、小結、関脇、大関の三役プロセスでは、幕下、十両、幕内などの途中の目標である。大目標のためには、必ず通過する道だ。

◆ 小さな目標なら、口に出したほうがかなう

き、不言実行の燃料にするということなのである。

お相撲さんが化粧まわしをつけたり、関取の髪型である大銀杏を結うことができるのは、十両になってからである。

この段階では、口がすべっても「横綱」の目標は漏らさない。口にした時点でエネルギーが漏れてしまい、土俵で投げ飛ばされるのがオチとなる。

まだまだ、その前に実現すべき小さな目標がある。横綱を目指すプロセスでは、幕下、十両、幕内いくのも、プロセス目標への挑戦

プロセスでの目標は、大目標とは違い、口に出したほうがかなうと一人さんは言う。

つまり現在が幕下なら、「次は十両になるぞ」と言ってみるのだ。

これが、有言実行のエネルギーを活用するということだ。言ったことは必ず実現するという力を湧きあがらせる。

野球なら、二死満塁で登場したバッターがバックスクリーンを指差し、ホームランを打つぞと宣言するようなもの。

こうして触発されたピッチャーの心理をテコにして立ち向かっていくのも、プロセス目標への挑戦

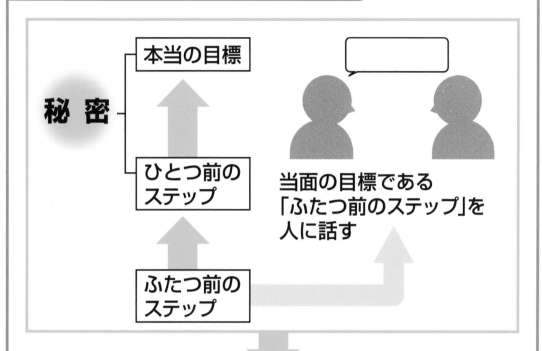

本当の目標

秘密

ひとつ前の
ステップ

ふたつ前の
ステップ

当面の目標である
「ふたつ前のステップ」を
人に話す

話した目標が実現する

秘密＝ 本当の目標

ひとつ前の
ステップ

ひとつ前のステップを話す

こうして一歩一歩、本当の目標に近づいていく

【目標達成法3】
⑥ 成功の一歩手前に来たら、思いっきり "転んで" みる

◆ 大空に飛びたつ秘訣は、加速すること

もう少し相撲の話を続ける。

十両昇進を達成したら、間髪を入れずに、次のプロセス目標である幕内力士を目指す。ここで失速すると墜落する。だから、ここぞとばかりに加速していくのだ。

昇進した上位ステージでの力士の実力は、圧倒的に強い。目標達成への抵抗力はぐんと増すのである。

このときは実力だけでなく、並みはずれた精神力が問われる。これまでがそよ風だったと思えるくらいに、幕内の舞台には台風が吹き荒れている。

三役、横綱の壁は厚く、頂上に巻き起こる爆風ともいえる空気抵抗や壁を、今後の目標達成のプラス材料にできるかどうか。

飛行機は、空気抵抗を受けると、加速させてエンジンを噴射させ、大空へと上昇させる。抵抗が飛行機を大空へと舞いあがらせる。

ところで、大空に飛びたつ際のポイントはなにか。くりかえすが、「加速すること」なのだ。

◆ 「転び現象」を起こす

加速させるには、プロセスでの「運も実力のうち」と、たび重なる幸運を受けとめよう。

そして、はずみをつけて、アッというまにゴールさせてしまうことだ。

つまり、"はずみをつける" ということ。

こうして大目標に向かっていると、「転び現象」が起こると、一人さんは言う。

転び現象とは、目標に向かって突き進んでいくと、都合のいいことやプラスの偶然が次から次へと起こり、転がるように目標達成していくという現象だ。

行動を加速させていくと、ある時期に、ビックリするくらいに幸運と思えることが起こってくる。これが始まったらチャンスだ。

途中の目標群を、次から次へと、気を抜かずに追い求めることだ。

という人は、どうしたらいいのだろうか。

その場合は、自分が楽しいと思える方向に向かうとよい。それが「天命」で、天命の方向に向かうと、ワクワクするというのだ。

「楽しいほうに行くと、成功できるようになっている」

それが一人さんの考え。

だから、何事も難しく考えなくていいのだ。楽しい方向に一歩踏みだしてみてほしい。

ところで、目標が見つからないという人は、どうしたらいいのだろうか。

転ぶ！

目標の一歩手前

斎藤一人さん流の
目標達成の
ステップ

1. まず、難しく考えないで、一歩を踏みだす。

2. その都度発生する問題については、「困ったことは起こらない」という考え方で、自分のステージアップを図りながら、乗り越えていく。

3. 大目標に向かうのに、そのプロセスで通過点の目標を設定し、次から次へと加速の法則をテコにして実現していく。

4. すると、「転び現象」が起こり、アッという間に大目標が実現できてしまう。

A.ツキや幸運を巻きこんで「転がる」ということです

もっと "成功するやり方" で仕事をしよう

⑦ 仕事は "楽しいこと" が、なにより大切！

◆「正しい道」を選ぶか、「楽しい道」を選ぶか

道を歩いていると、その先が二股に分かれたところに出たとする。

あいだに案内板があって、左側は「正しい道」と、右側は「楽しい道」と表記されている。

さて、あなたなら、どちらの道を進みたいと思うだろうか。感性で選んでみてほしい。

一人さんは、「魂の三段階」という時代のとらえ方をしている。人類の歴史を三つの段階でとらえるというものだ。

第一段階は、狩猟から始まり、めている時代だというのだ。

強い者が統率していたころまでの時代だ。この時代の魂の判断基準は、「どちらが強いか」だったという。強いほうにみんなが従ったわけだ。

第二段階は「どちらが正しいか」という時代だ。

こういう時代を迎えるためには、社会のルールが必要になる。

つまり、立法社会であることが条件だ。法律に照らしあわせて、どちらが正しいかを問うのである。

第三段階が、現在である。いまはどんな時代か。「もう、何が正しいか、正しくないかはわかった」から、楽しくやろうよ」と魂が求めている時代だというのだ。

つまり、立法社会が成熟化し、「なにが正しいか」は、すでにみんながわかっている。その上で、楽しいものを選びたいと思っているのだから。

この時代には、正しいものを追い求めすぎるあまりに楽しさを忘れてしまうと、うまくいかない。楽しい道を選ぶ。すると、ツイてる状態になる。幸運の扉を開くキーワードは、「楽しい」だ。仕事をしていても、楽しい、楽しいと言ってやれば、どんどん成功していく。

「正しい」ことは、いまや自明のことなのだ。みんな、正しいことにはあきあきしている。それだけ自分のやっている仕事の意義がわかり、ゲーム性があることだ。

◆ 幸運の扉を開くキーワード

冒頭の質問に「楽しい道」と答えた人は、感性的に、いまの時代の嗅覚（きゅうかく）をそなえている人だ。

だから仕事環境が楽しくなる工夫をすることだ。「楽しい」とは、ではなんのおもしろみもない。お客さまが求めているのは、楽しいことであり、楽しい商品だ。なぜなら、第三段階を迎えた魂は、楽しいものを選びたいと思っているのである。

Q.いまのリーダーに必要なことは?

第1段階　=どちらが強いか

➡ 人は強い者に従う

第2段階　=どちらが正しいか

➡ 人は正しい者に従う

第3段階　=どちらが楽しいか

➡ 人は楽しい人に従う

A.現在は「第3段階」。"楽しさ"によって人を引っ張ることです

もっと"成功するやり方"で仕事をしよう

⑧太陽になって、まわりの人間を"輝かせ"よう

◆一人さんの言う「観光旅行」

一人さんの「観光旅行の話」というのがある。この観光旅行とは、名所や史跡を観にいくことではない。では、なにか。

文字通りである。つまり「光」を観るための旅行なのだ。

光とは、光り輝いている人のことを指す。みずから輝き、光を発している人だ。こういう人は、まわりの人々に元気を与える。そのエネルギーが欲しいから、その人に会いにいくということなのだ。

会社にそういう人がいれば、所属するチームは明るく、楽しい。

そして成功する。

お店にいれば、お客さまがどんどん来店する。明るいところに人が集まるのは当然のこと。そのお店は繁盛店になっていく。

人間には、太陽のタイプと、月のタイプがいる。太陽タイプは、みずから光り輝き、みんなを照らしだす人である。

一方、月タイプは、太陽の光に照らされることによって輝くことができる人をいう。この人たちは、太陽タイプがいることで、はじめて輝くことができる。

残念なことに、太陽タイプの人は圧倒的に少ない。多くは月タイプである。

みんな輝きたい。そのためには太陽タイプが必要だ。だから、そんな人のまわりに観光旅行に出かける、ということなのだ。

◆人に「キャンドルサービス」をする

では、どうすれば太陽タイプになれるのか。魅力ある言葉を話し、魅力ある行動をし、魅力ある考え方をすることだ。

魅力ある言葉とは、人の心に灯りをともす言葉である。魅力ある行動とは、なによりも笑顔である。魅力あるこれらを生みだすもとにあるのが魅力ある考え方で、「困ったことは起こらない」などという考え方をすることだ。

そして、太陽タイプになったら、キャンドルサービスをしてあげなさいと、一人さんは言う。

キャンドルサービスとは、自分の光を分けて、相手に灯りをともすこと。灯りは次々に増えるが、あなたの光はそのことで半分に減ることはない。

江戸時代に、こんなキャンドルサービスをした人がいる。かの米沢藩主・上杉鷹山である。

鷹山は小さな灯を藩全体に広げる「火種運動」をくり広げた。それが藩政改革である。鷹山もやはり、太陽タイプの人だったのだ。

Q.人がついていくのは、どんなタイプの人？

● 「太陽タイプの人」は「月タイプの人」を輝かせる

● 「太陽タイプ」のところに、
　人はどんどん「観光旅行」に来る

● 「太陽タイプ」は、「キャンドルサービス」を
　することでチームを明るくする

A.「太陽タイプ」になれる人です

●ログセにしたい「ツキをよぶ言葉」

◆プラスのログセで、○（マル）の表情になる

良い言葉を口グセにするだけで、人生にツキが良くなる。

そんな言葉の数々を、これからご紹介したい。どれも、一人さんのおすすめの言葉だ。

ところで、「口グセ」とはなにか。習慣となって、口を開けば飛びだす言葉である。

いつも口をついて出る言葉がプラスに習慣化されている人は、思考もプラスになっている。ツキがある言葉が口グセになっている人は、どんどん人生がツイてくる。

◆「千の法則」が人生を好転させる

では、どうすれば、プラスの言葉が、ふだんからスッと出てくるのか。

一人さんは、「千の法則」という方法を教えている。

たとえば、コップの中の真っ黒な水を透明なしずくに変えるには、最低でも千滴のしずくが必要である。

千滴注げば、濁った水が透明な水へと清められるように、習慣は変えられるのだ。

千という数字には、不思議な力があるという。

一回唱えるたびに、きれいなプラスの言葉が、水滴のようにポタポタと、濁った心の水に落ちていく。やがて、千滴が注がれたときには、すっかり透明な水に変わっている。

千回唱えれば、脳にツキのある言葉がインストールされる。そうすれば、気持ちも楽しく、幸せになり、人生がツイてくるということとなのだ。

習慣の力は偉大だ。それだけに、マイナスの言葉を口グセにしないこと。「イヤだなあ」「疲れた」「運がない」などというジメジメした言葉ばかり使うと、「×（バツ）の表情」が刻印されてしまう。

逆に、どんなときにも「おめでとう」「よかったね」と声をかける人は、表情ににこやかな○（マル）が浮かんでいる。顔に○があるだけで、その人は魅力にあふれ、ツキが回ってくるようになるのだ。

これは「×の表情」になってしまうような場面にこそ効果がある。たとえば、マイナスの感情で心が真っ黒になっているとき。

「幸せだなあ」とか、「豊かだなあ」という言葉を千回唱えてみる。

「なんでも千回実行すると、神様が力を貸してくれるのです」

そんなふうに一人さんは言っている。

Q.斎藤一人さんの「千の法則」とは？

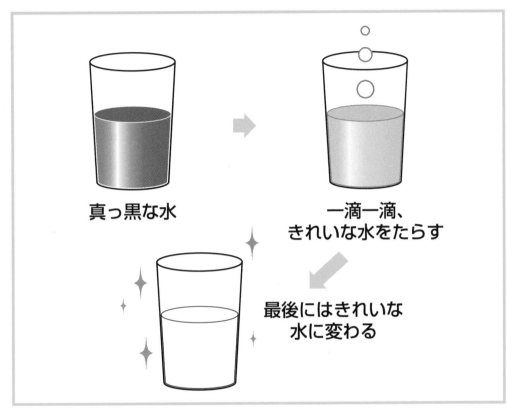

真っ黒な水

一滴一滴、
きれいな水をたらす

最後にはきれいな
水に変わる

×の顔

千回、
「幸せだなあ」と
言ってみる

○

これが「習慣にする」パワー

A.その意味が知りたかったら、
「幸せだなあ」と千回言ってみてください

人生にツキをよぶ「一人さんの言葉」

ツキをよぶ言葉❶

「ツイてる!」

「ツイてる」と言えば、ツイてる人生。たった、それだけのことなんです。

◆この四文字にこめられたパワー

●この言葉の意味

「ツイてる」というのは、スキップするように軽いリズムだ。

「ツキがあった」でもなく、「ツキがありますように」でもなく、いまの状態を表す言葉である。

また、実際の客観的な状況がツイてるかどうかではない。たとえ現状と食い違っていたとしても、この言葉を唱えるところに意義がある。つまり、ツイてるという主観の思いが、現実をツイてる状態にするのである。

「ツイてる」という言葉には、

「なんかうまくいくね、運が味方してくれている」というニュアンスがある。天の加護(かご)があるのだ。

だから、感謝をこめて言うことがポイントだ。

●この言葉の使い方

じつは、「ツイてる」は、最も波動の高い言葉だという。

たった四文字にこめられたパワーは計りしれない。どん底の状態にあっても、ツイてると言えば脱出できる。あらゆるときに使える言葉だ。

たとえば、自分が落ちこんでいるときに「ツイてる」と言えば、言葉の波動で、いつのまにかツイてる状態になってしまう。

マイナス言葉で愚痴ってしまったあとで、「でもね、ツイてるよ」と言えば帳消しになる。

これが口グセにまでなれば、まさに「ツキ体質」になるのである。

なんと、「ツイてる」と言い続けていれば、ピクリとも離れない。

次は、同じ人に「ツイてない」と言いながらOリングをつくってもらい、それを開かせる。今度は、簡単に指は離れる。

断然、「ツイてる」と言ったほうが強いのだ。しかも、何回も唱えていると、体じゅうに力がみなぎってくるのがわかる。

反対に「ツイてない」と唱えると、肩のあたりの力ががっくりと抜けてしまう。その落差は大きい。

さらに、ツイてる人とつきあえば、ツキはいっそう増幅する。「ツイてる」という言葉の威力は、それくらい大きいのだ。

◆「Oリング」の実験でわかったこと

一人さんは、こんな実験をしてみせた。

誰かに「ツイてる」と言ってもらいながら、右手の親指と人差し指を円形にくっつけてもらう。このOリングを、別の人に開いてもらうのだ。結果はどうか。

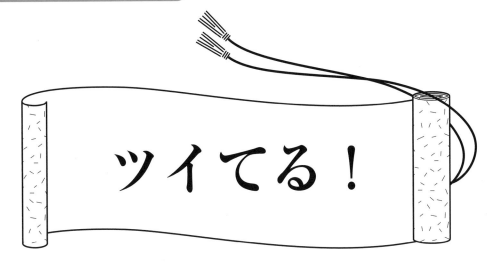

ツイてる！

失敗しちゃった……

ネガティブな言葉では、運がめぐってこない

失敗したけど、ツイてる！

別の運が必ず回ってくる

人生にツキをよぶ「一人さんの言葉」

ツキをよぶ言葉②「幸せだなあ」

天に生かされて「幸せだなあ」
ようとする。これは、「幸せとは
気づきである」ということをテコ
に、逆に活用したものである。
幸せとはなにか。それは、「幸
せ」に気づいたときにわかるのだ。
素直に「幸せだなあ」とつぶや
くと、マイナス状態なら中和され、
幸せ状態なら倍加される。

実の幸せとなって返ってくる。

①「幸せだなあ」には、チャンス
を引きよせる力がある。
②「幸せだなあ」には、チャンス
を引きよせる力がある。
③ため息やマイナス言葉をうっか
り口にしてしまったあとで、続け
て「幸せだなあ」と声にすれば、
マイナスを中和できる。
④脈絡なく「幸せだなあ」と声に
出すと、脳は幸せの理由を探しは
じめる。たとえば、道で転んだと
きに「幸せだなあ」と言えば、脳
は幸せの理由を探して、「道端に
きれいな草花を見つけたから」と
理由づけたりする。
こうして、幸せの理由がたくさ
ん発見され、本物の幸福人になる
ことができる。

◆ 幸せとは「気づき」である

● この言葉の意味

たとえば、病床にある人は、ど
んな気持ちだろうか。
じつは、自分しだいなのである。
病気になって「不幸せだ」と嘆
くこともできるし、まだ自分はこ
うして天に生かしていただいてい
る、「幸せだなあ」と喜ぶことも
できる。
他人の目から見れば、病気にな
ることは不幸なことかもしれな
い。しかし、ある人は、病気にな
ることで「生きていることの幸せ」
に気づくことができた。

づこうとし、幸せな状態を実現し
と思うのは、こういう気づきがあ
ったことの表明だ。
なにが幸せか、どこが幸せなの
か。幸せへの気づきが、この言葉
のベースにある。

● この言葉の使い方

「幸せだなあ」とは、どんなとき
に言ってもいい言葉だ。病床にあ
る人の例が示すように、幸せかど
うかを他人が判断するのは意味が
ないことだ。
この言葉を口にすると、脳は幸
せの理由を探しはじめる。
「幸せだなあ」と言ったことに対
して、脳はなにが幸せなのかに気

◆ 一人流「幸せだなあ」法

いろいろな活用法をまとめてご
紹介したい。
心が清く、澄んでくる。そして現

幸せだなあ

こんな効果がある!

- 心が清く澄んでくる

- チャンスを引きよせる

- マイナスの言葉を中和する

- 脳が勝手に「幸せ」を見つけだしてくれる

人生にツキをよぶ「一人さんの言葉」

ツキをよぶ言葉❸
「豊かだなあ」

「○○が豊かだなあ」の○○には、なによりも知恵という単語がピッタリとはまるわけだ。

「豊かな知恵」をよぶという点で、ユニークな言葉である。

◆「豊かだなあ」と唱えると知恵が湧く

●この言葉の意味

これは、「○○が豊かだなあ」と、主語をともなって完成する言葉である。

○○にはいろんな単語が入る。「心が豊かだなあ」「お金が豊かだなあ」「人脈が豊かだなあ」など。

この言葉を口にすると、気がつかないうちに豊かな気持ちになれる。

もちろん、知恵を用いて獲得するのが「豊かだなあ」である。

一人さんによれば、「豊かだなあ」と声に出していると、気持ちが豊かになり、やがて「豊かな知恵」がやってくるというのだ。

●この言葉の使い方

欲しいものがあれば、あなたはそれを獲得するのに、お金で得るか、それとも知恵で得るか。どちらで得るタイプだろうか。

もちろん、知恵で得るところに、この言葉のすばらしい効果があるのだ。

さて、お金以上に、いま、知恵が求められている。巨万の富を獲得させるのは知恵だ。これからの日本に求められているのは、ほかでもない、知恵なのだ。

というのも、変革期には、かつてのやり方は通用しない。新しい知恵が求められる。そんな知恵が求められる国としての新しい魂のステージアップがあるのかもしれない。

一人さんの答えは、「商人が知恵を出せば不況は終わる」というものだ。「豊かな知恵」が、ビジネス界に必要なのである。ビジネスリーダーの役割は、知恵を創出する経営環境づくりと、知恵を出す方向を示すこと。

そのためにこそ、売れる商品やサービスを開発することが求められている。そのためには、これまでのやり方ではダメだ。

不況は、日本の国に投げかけられた神様からのプレゼント=問題だとも言える。

「困ったことは起こらない」と、これを乗り越えていくところに、

◆知恵があれば不況だって終わる

筆者の体験から、この言葉を風呂(ふろ)にゆったりつかりながら唱えると、知恵は無限に湧いてくる。知恵タイプにはおすすめしたい。

不況のいまこそ、売れる商品やサービスを開発することが求められている。そのためにこそ、リーダーの発想が「豊か」であることが必要だ。

豊かだなあ

知恵が
豊かだなあ

アイデアが自然と
浮かぶ

お金が
豊かだなあ

お金が自然と入って
くるように
なる

人脈が
豊かだなあ

人脈が自然とできて
いく

人生にツキをよぶ「一人さんの言葉」

ツキをよぶ言葉④

「やってやれないことはない。やらずにできるわけがない」

◆ 自然と人を「やる気」にさせる言葉

● この言葉の意味

これは、チャンスを確実につかみとる言葉である。

目の前にある、またとないチャンスを、この言葉でグッとつかみとる。

「やったらやれるんだよ。あなたには十分な可能性があるんだ。しかし、いまやらなければチャンスを逃し、永久にできないよ。だったら、やろうよ。この絶好の機会をつかみとって、活かそうじゃないか」

そんな意味だ。

この言葉を唱えていると、体がおのずと前に出る。自然と人をやる気にさせる言葉である。

● この言葉の使い方

前出の「幸せだなあ」という言葉は、チャンスを引きよせる力をもっている。

つね日ごろから、「幸せだなあ」という言葉を口グセにしていると、チャンスがやってくる。

そんなチャンスを逃さずにつかみ、ここ一番というときに「やってやれないことはない。やらずにできるわけがない」と言うのだ。

◆ 言葉がつくる「軽やかな一歩」

一歩踏みだすことの難しさを知っている人には、この「やってや

この言葉を唱えていると、体がびこんだ知恵を確実につかみとり、生かすことができる。いつでもスッと動ける姿勢を前傾姿勢という。重心を前倒しにしている形だ。逆に体を後ろに反り返らせると、とっさに体を動けない。

この言葉は、心を前傾姿勢にさせる。

チャンスと見るや、すぐに動きだせる心の態勢をつくりだしてくれるのだ。

れないことはない。やらずにできるわけがない」という言葉は、値千金と言っていい。

この言葉を唱えていると、最初の一歩が軽やかに出せる。

もちろん、踏みだせばしめたものだ。百歩を歩くことも、最初の一歩を踏みだすことも、動きだすという観点から見れば同じことなのだから。

やりはじめるのが億劫になったとき、この言葉を唱えていると、獲物を狙う豹のように、しなやかに次の動作に移ることができる。

まさに、チャンスに対する敏捷性を獲得することができる言葉なのだ。

れないことはない。やらずにできるわけがない」という言葉は、最初の一歩が軽やかに出せる。

口ぐせにしたい言葉 ④

やってやれないことはない
やらずにできるわけがない

チャンスが 回ってくる 言葉を口ぐせに すると……	 幸せ だなあ

↓

チャンスが 向こうから 訪れる	

↓

あとは 思いっきり ダッシュして チャンスを ものにする	  やって やれない ことはない

人生にツキをよぶ「一人さんの言葉」

ツキをよぶ言葉❺
「ありがたいなあ」

斎藤一人さんの教え

お礼は先回りして言いましょう。
そうすれば、願いはかないます。

◆あなたの願望を実現する言葉

●この言葉の意味

「ありがたいなあ」には、二つの意味がある。

一つ目は、「ありがとう」という感謝の意味。二つ目は、事前に「ありがたいなあ」と先回りして言うことにより、願望実現が図れるという意味だ。

後者が、一人さんらしい、オリジナルの解釈である。

たとえば、家が欲しいとする。

ふつうなら、家が手に入った後で、「すばらしい家をお与えくださり、ありがとうございました」とお礼を述べるところだ。これを「後礼（実現したあとのお礼）」とよんでおこう。

ところが一人さんは、まだ家が手に入る前に、「ありがたいなあ」と先回りしてお礼を言う。

このように、「予礼（予めのお礼）」という意味が、「ありがたいなあ」にはこめられている。

つまり、欲しいものをイメージして、「ありがたいなあ」と言う。ターゲットを明確にすれば、その欲しいものが手に入るということなのである。

●この言葉の使い方

「ありがたいなあ」と声にしていると、ありがたい現実が、後追いで次々と起こってくる。

先行して「ありがたいなあ」と言ってしまうことが、この言葉の使い方なのだ。

◆お礼も、お祝いも、"先回り"で言おう

営業の仕事でも、「予礼」や「予祝」は使える言葉だ。

予礼はすでに述べたように、「ありがとうございます」と、お客さまに先にお礼を述べてしまう方法である。「予祝」も同様で、「おめでとうございます」と、先にお客さまを祝ってしまう。

たとえば、営業の電話でこんなふうに言ってみる。

「おめでとうございます。本日お電話させていただいた百人目のお客さまなんです」

こう言われたら、お客さまはどう思うだろう。おもしろがって耳を傾けてくれるのではないか。

なぜ、こういう「予礼」や「予祝」をやるのか。

もちろん、営業の成功率が飛躍的に高まり、目標が実現しやすくなるからだ。

「予礼」や「予祝」には、願いごとをかなえる力がある。「幸せだなあ」「豊かだなあ」にも、先回りの力がこめられているのだ。

ありがたいなあ

お礼を先回りして言うとどうなるか

ぜひみんな、新しい企画を提案してくれ

自分にできるかなあ

挑戦できてありがたいなあ

よくやった

ありがとうございます

成功

断念

ツキをよぶ言葉 ❻

「いいことが
ありそうだなあ」

◆ 悪い予感も、
一瞬で転換する

● この言葉の意味

「イヤな予感がする」という胸騒ぎは、誰しもよく経験するだろう。良くないことが起こりそうな気配に、足がすくむ感覚だ。

そんな感覚に襲われたときに、「イヤなことが起こりそうな気がする」と、感じたまま声に出すと、それが現実のものとなってしまうことが多い。

そうではなく、「いいことがありそうだなあ」と、心の照明のスイッチを入れるのだ。するとパッと心に灯りがともり、イヤな気配

が一瞬にして吹っ飛んでいく。悪い予感や気配を一気に転換する言葉が、「いいことがありそうだなあ」なのだ。

● この言葉の使い方

胸騒ぎに対する処方箋として、この言葉を用いる。

このとき、心に燦々と晴れたイメージをともなうと、瞬時に気分は転換できる。

しかも、暗い心が明るくなるだけではない。実際にいいことが起こりやすくなる。つまり、この言葉も「予祝」と同じなのだ。

「いいことがありそうだ。おめでとう」と前祝いすることで、その

結果が本当に起こるようになる。ツキをよびこむのである。得られるものはとても大きい。

◆ なにより "晴れやか" な
気持ちになる言葉

お参りすると、心が晴れる。そんなことはないだろうか。

行くときはさんざん悩んでいた人が、参拝の帰りには、「いいことがありそうだなあ」と晴れやかな顔になったりする。

そんな心の転換法を即席でやれるのが、「いいことがありそうだなあ」という言葉だ。だったら、続けて「神様、ありがとうございます」と合掌してはどうだろう。

いわば、言葉による参拝法である。

うかと、耳を傾けた。その人は驚いた。ご婦人は神様に向かって愚痴をこぼしていたからだ。それも、支離滅裂に、くどくど訴えている。

しかし、十分、二十分とたつうちに祈りが整理されはじめ、やがて感謝の言葉へと変わる。悩みから感謝へと心を転換し、昇華させていくプロセスが、"祈り" だった。

あるご婦人の話である。その人は、毎日二十分、三十分という長い時間、神様にお祈りをしている。いったいなにを祈っているのだろう

口ぐせにしたい言葉 ⑥

いいことがありそうだなあ

1 天気が
悪くても……

今日は
いいことが
ありそう
だなあ

2 外は雨でも、
心は晴れて……

3 出会いがあったり……

4 仕事がうまく
いったり……

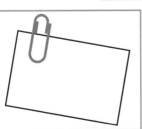

人生にツキをよぶ「一人さんの言葉」

ツキをよぶ言葉 ❼

「すべての良きことが、なだれのごとく起きますように」

◆ 人に「最大級の言葉」を贈ろう

●この言葉の意味

豊かな人には豊かな波動が出ているし、貧しい人には貧しい波動が出ている。一人さんは言う。

だから、成功するには、豊かな波動に変わることだ。

波動を変える言葉は二つある。

① 「困ったことは起こらない」
② 「この人にすべての良きことが、なだれのごとく起きますように」

この二つである。

二番目の言葉は、なんと贅沢な内容だろうか。

「すべての良きこと」が「なだれのごとく起きる」のだから。

「いいこと」が堰を切ったようにおしよせれば、人生は夢のごとく変わるだろう。

この言葉を会う人ごとに贈り続けているようだが、じつは、"人に親切にしておけば、めぐりめぐって自分によい報いがくる" という意味だ。

これと同じで、この言葉を贈り続ければ、めぐりめぐって、誰よりも自分が豊かになれる。だったら、どんな人にでも贈るのが "自分のため" というものだ。

◆ どうしてもムシの好かない相手には？

たとえ一回きりの出会いであろうと、この言葉を念じる。出会う人たちのすべてにこの言葉を贈る。口グセにしてしまう。イヤイヤではなく、心をこめて言う。

もちろん、言いたくない相手もいるだろう。しかし、「情けは人のためならず」という格言がある。

みんな "情けをかけるな" と誤解しているようだが、じつは、"人にどう対処したらいいのか悩んでいた。一人さんは、イヤなヤツからは離れたらいいと教え、こんな話をしたことがある。

「俺ね、温和になって、すごい人間ができてきたなと思ったら、違ってたよ。イヤなヤツが目の前に出てこなかっただけ。最近イヤなヤツが出てきたの。そしたら、『ふざけるな』って思ったの。前とまったく変わってないよ」と。

お互いに波長が合わないときは、離れること。無理をして、逆にツキを落とすことはない。

それでも、どうしてもムシの好かない相手にまで言葉を贈る必要はない。

あるお弟子さんが、イヤな相手

この人にすべての良きことが、なだれのごとく起きますように

人に親切にすれば……

朝、電車で
席を譲ってあげた

行ってきます

会社からアポ先へ

!!

たまたま席を譲った人が
先方の社長だったなんて……

● めぐりめぐって自分によい報いがくる

幸せな人間関係をつくる「一人流」生きかた哲学

① 悩んでいる人に一言、「そんな必要はない」

◆ 問題を "別の見方" に変える言葉

●この言葉の意味

「それは本当に困ったことなのかい？」という問いかけには、「困ったことは起こらないんだよ」という含みがある。

一人さんは、すべての問題は、その人の魂のステージを上げるために神様から贈られたプレゼントであり、必ず解決できると言う。

解決策は、その人の魂のステージが高まる方向で生まれてくる。

この言葉は、そんな前提から、相手に問題解決をうながしていく言葉なのである。

●この言葉の使い方

まず、相手が抱えている悩みや問題をすべて聞く。

ポイントは、その人が自分の悩みを全部聞いてもらえたと思えること。

その上で、「それは本当に困ったことなのかい？」と、やさしく問いかけていくのだ。

すると、その人は、抱えている悩みや問題を、別の観点から振り返ることができるようになる。

一人さんはどんな問題も、そう点で悩んでいるのか。どういう点で悩んでいるのか。

悩みや問題が、自分で解決できることに気づいたとき、人はその問題から解き放たれるのだ。

◆ 一人式「問題解決法」とは？

どんな問題も自分で解決できるなら、それは困ったことではない。自分で解決できるなら、それは困ったことではない。人生に、困ったことは起こらないのだ。

一人さんはどんな問題も、そうして解決してきた。

この「一人式の問題解決法」は、次の三つのステップから成り立っている。

●ステップ1・姿勢

自分に起こることは、魂を向上させるために起こる。いまの自分に必要なことだ。ウェルカムの姿勢で問題を受けとめる。

●ステップ2・解決法

すべての問題に対して、「困ったことは起こらない」という考え方で問題に立ち向かっていくと、解決策が見えてくる。

●ステップ3・結果

解決したときに、魂のレベルはワンランク上がっている。

問題をクリアしたら、もう前のレベルでは悩むことはなくなる。

解決すると同時に、人間としての器も大きくなるのである。

人に言ってあげたい言葉 ①

それは本当に
困ったことなのかい?

ウェルカムの姿勢で問題を受けとめる

↓

ステップ2

「困ったことは起こらない!」

↓

ステップ3

解決して、魂のレベルが上がる

↓

**相手もこの考え方に立てるように
うながしてあげよう**

幸せな人間関係をつくる「一人流」生きかた哲学

② 「そうだね、わかるよ」と、相手を「肯定」しよう

◆ 肯定から入ると、人間関係は滑らかに運ぶ

● この言葉の意味

「そうだね、わかるよ」とは、「あなたの言っている話の内容が理解できましたよ」という意味である。

これは、相手の話に同意したり、賛同したということではなくて、その人の話を理解レベルで受けとめたということだ。

受けとめたということ自体が、肯定である。一人さんは、同意でも、肯定である。一人さんは、同意でもきない話でも、理解レベルの肯定から入りなさい、と言っているわけだ。

● この言葉の使い方

この言葉は、人間関係の潤滑油となるものだ。

人間関係でギクシャクしないように、「そうだね、わかるよ」と、自分と相手との間の歯車を回りやすくするのである。

相手は話しはじめるとき、自分の話が受け入れてもらえるかどうかがとても気になっている。この言葉は、その最初の心配やいらぬエネルギーを吸いとってしまう。

「そうだね、わかるよ」といったん受けとめてから、「でもね」と入っていく。つねに、肯定から入ることが大事なのだ。

◆ 受けとめられれば、うれしくなる

「それは違うよ」と否定から入られると、誰でも無性に腹が立つ。

子供のころから叱られ通しで、自己変革テーマについて考えていない人に意見するときでも同じだ。「そうだよな、わかるよ」と、まず自分を受けいれる。その後で、「しかしね……」と、自己変革テーマについて考えていけばいいのだ。

「お前は困った奴だ」と否定され

そうするのは、なぜだろうか。

てばかりいる人がいたとする。その人に「そうだね、わかるよ」という言葉で受けとめてから話すと、その人は、はじめて自分のことをわかってくれる人にめぐりあえたと、生涯、あなたに感謝することだろう。

人間は、自分のことをわかってくれる人を探し求めているのだ。

また、そういう人の意見なら聞きたいと思っている。自分が自分に対するときも同じ

人を肯定的に包みこむことは、相手からすれば、この人は自分の味方だとか、仲間だという安心感を生む。こうして相手の心を開いていくことができるからだ。

ビジネスではお客さまを敵にしないこと。この言葉を使うと、争いごとはなくなるのである。

人に言ってあげたい言葉 ②

そうだね、わかるよ

········ **人から相談されたときは……** ········

なんかうちの会社、ホントにイヤなのよね～

そうだね、わかるよ

相手は理解されたことに感動して、話をしてくれる

それは違うよ

相手から、まず反発を受けてしまう

幸せな人間関係をつくる「一人流」生きかた哲学

③ 心を開いて、「おめでとう」と言おう

> 斎藤一人さんの教え
>
> 「おめでとう」と言いましょう。
> 祝福の言葉が響くと、幸せ空間
> ができあがります。

◆ この一言で、
舞台は「ハレ」になる

「ハレ」の舞台に変えてしまう。まわりを非日常的なお祝いの世界に誘える魔法の言葉なのだ。

●この言葉の意味

「おめでとう」は、人を祝福する最大の賛辞である。相手の幸せを、心に響くように伝えるなど、シチュエーションをよくわきまえて使おう。

この言葉が真心から言えるためには、自分の心が豊かでないとダメだ。貧しい心では、素直に口に出てこない。

●この言葉の使い方

「おめでとう」のパワーは絶大だ。ふだん、いつもと同じように過ぎていく日常の空間を、一気に

て、盛大な拍手がそえられると、ぎていく日常の空間を、一気に

元気よく「おめでとう」と言ったり、静かだが「おめでとう」と心に響くように伝えるなど、シチュエーションをよくわきまえて使おう。

たとえば、営業で契約がとれたときに、まわりから「おめでとう」と声をかけられると、どんな気持ちになるか。次への意欲が湧いてくることだろう。

苦楽をともにしている仲間から激励が飛ぶことほど、うれしいことはない。いっせいにこちらを見て、盛大な拍手がそえられると、ある。

場がお祭り気分になる。

このような祝福しあえる職場なら、士気はいやおうなく高まっていく。祝福しあえることから得られる効果は絶大なのだ。

◆ 「おめでとう」で
最強のチームをつくる

「おめでとう」と言える集団とはどういうものか。

それは、本当の意味で強いチームだと言える。

みんなで共通の目標を追い、知恵や力を合わせて生産性を高める、強い仲間意識をもった集団でチームができあがる。

逆に言えば、こういう集団だからこそ、メンバーの成功に、心から「おめでとう」が言えるのだろう。

メンバーが相互に「おめでとう」の言葉をかけあっていると、チームに勢いができる。

勢いとは、集中豪雨のあった日の川の流れのようなものだ。ひとたび流れに足をすくわれると、アッというまに水流に巻きこまれてしまう。

集団に川の流れのような勢いをつけるのが「おめでとう」の言葉である。これをログセにし、激励しあえる体質をつくれば、最強のチームができあがる。

人に言ってあげたい言葉 ③

● 貧しい心だと……

➡ チームはまとまらない

● 豊かな心だと……

おめでとう

➡ みんなの士気が高まっていく

幸せな人間関係をつくる「一人流」生きかた哲学

④ 「よかったね」と素直に言うと、心は豊かになる

◆ どこまで人のことを喜べるか？

●この言葉の意味

「合格したよ」と手を振って喜んでいる相手に、「よかったね」と声をかける。

この「よかったね」とは、なんらかの「結果」を出した人に対するねぎらいの言葉だ。

もちろん、相手によっては「よかったですね」と丁寧語を使うなどの配慮をする。

この言葉は、嫉妬心があると、素直に出てこない言葉である。豊かな心の人だけが発せられる、幸せな言葉なのである。

●この言葉の使い方

「よかったね」と声をかけるとき、声をかける相手と自分を比較してしまうのが、人間の性だ。

友人が念願のマイホームを建てた。「来週の日曜日あたり遊びに来てくれよ」と友人。

ところが、家を誰よりも熱望していたのは自分のほうだ。このとき、「よかったね」と嫉妬心なく言えるかどうか。人のことを喜べる豊かな心が、この言葉を使うポイントなのである。

この言葉を使ったときの、あなたのメリットはなにか。それは、

◆ 「先を越された」なんて思わないこと

十段の階段を想像してほしい。階下にはあなたがいる。あなたの友人は、下から一段ずつ、階段を上っていくとする。すると、上れば上るほど、うらやましい状況となる。何段まで上あるからだ。ここで「よかったね」と言えると、次はあなたが実現する番になれる。

くなってしまう。どうしても言うのに抵抗感が強いか。たとえば、友人が不便な中古マンションを買った。これは一段だ。「よかったね」と言える。

四～五段上り、友人が一戸建てを建てた。じつは、このあたりが一番うらやましく感じる。射程内なのに、自分のことではないからだ。

最上段は親が資産家で豪邸に住む友人。ここまで来ると他人事で、うらやましくても嫉妬はない。四～五段あたりでヤキモキするのは、それがあなたの目標値でもあるからだ。ここで「よかったね」と言えると、次はあなたが実現する番になれる。

のに抵抗がある。心の中で、「今回は君の番だけど、次回はこっちの番だよ」とつぶやいて、自分を納得させてから、景気よく「よかったね」と言ってあげよう。

人に言ってあげたい言葉 ④

よかったね

……… 素直に喜んであげられる人に、幸せがめぐってくる …………

よかったね！

Aさん

今度結婚するの

悔しい！

Bさん

結婚式にて……

Aさんは明るい子だな〜

明るくってステキだな〜

Bさんは暗いわね〜

暗くって怖いなぁ〜

幸せな人間関係をつくる「一人流」生きかた哲学

⑤「信じてるよ」という
言葉が、人をやる気にする

斎藤一人さんの教え

相手に結果を出してもらいたかったら、うるさく言わないこと。ただ、「信じてるよ」とだけ言ってあげましょう。

◆ 信じているからこそ、スパッと手を離す

●この言葉の意味

相手を信じるとは、任せきり、心配をしないということだ。

たとえば、子どもが心配だからと、いちいち管理しないではおれない母親は、子どもが信じられない、と言っているのと同じことだ。

部下を育成することは、上司の大切な役割である。では、育成するコツはなにか。

「任せられるようにして、手を離す」である。

部下がある程度、ひとり立ちしているのに、「心配だから」と、いつまでも管理していたのでは、部下は育たない。時期を決めて、スパッと手を離すことだ。

このとき、部下は上司の信頼に応えようと、一所懸命にやる。だから、部下はどんどん育つ。放任しているように見えるのは、部下を信じているからだ。

●この言葉の使い方

任せてもいないのに、「信じているよ」と言うと、トラブルのもとになる。

「チェックばかりして、まったく信じていないじゃないか」と反発が出るのは必至だ。この言葉は、任せる腹決めができたときに、はじめて使うものなのだ。

「君に任せるよ。信じているよ」と、スパッと手を離すことだ。

「信じているよ」と言われることは、その人の信頼を勝ち得たこと。相手からすれば、これほどうれしい言葉はないだろう。

だからこそ、人は本気でやる気になるのである。

◆ 信じる力は、ここまで大きい

信じる力は大きい。たとえば、夢の実現を信じていると、その方向でものごとは成就していく。

ある大学講師の実話である。勤務先の大学で、「胃潰瘍の疑いがある」という検診結果が出た。

それまで自覚症状がなかったが、結果を知ってから胃が痛み、吐き気がするようになった。とう精密検査を受けるまでの一か月間、体調の悪い毎日が続いた。

ところが、精密検査の結果は正常。「バリウムが胃壁について、ポリープのように映っていたのでしょう」と担当医師。

この大学講師は、誤った検診を信じた結果、胃潰瘍の症状を実現してしまった。信じる力は、思ったことを実現してしまうのだ。つまり、相手を心から信じれば、その人は信じられる人になっていく。

人に言ってあげたい言葉 ⑤

信じてるよ

下手な上司は……

あーだこーだ……

部下はやる気を
失ってしまう

上手な上司は……

信じてるよ

部下は自信を
もって臨む

幸せな人間関係をつくる「一人流」生きかた哲学

⑥「はい」と引き受けることで、ツキが回ってくる

斎藤一人さんの教え

頼まれたら、「はい」と言ってください。頼まれごとが多くなれば、運勢がよくなります。

◆「はい」と言うことで、人は育つ

●この言葉の意味

「はい」と「は〜い」は違う。

「はい」はイエスであり、OKの表示である。肯定の言葉だ。

これに対して、「は〜い」は、表面上は肯定的に見えるが、返事したくないという心理が微妙に見え隠れする。否定的なニュアンスが匂ってくる言葉だ。

相手の顔を見て、元気に「はい」と、きちんと言う。それだけで人生は好転する。なぜなら、人からの「頼まれごと」が増えるから。

それが一人さんの考え方である。

●この言葉の使い方

一人さんは、子どももきちんとした返事ができるように育てることが大切だという。

元気よく「はい」の返事さえできればよい。これが教育の基本とである。

では、なぜ、子どもにとってこの言葉が大切なのか。

「はい」と言うだけで、子どものころからどんどん頼まれごとが増えてくるからだ。

「これで将来は約束されたようなものなのです」と、一人さんは太鼓判をおしている。

理由は後ほど説明するとして、頼まれごとが多い人、お願いしやすに」と評判になったら、しめたも

頼まれごとが多い人、お願いしやすに」と評判になったら、しめたも

◆ 頼まれごとが増えれば、運は本物になる

頼まれごとが増えると運勢がよくなるのは、なぜだろうか。

まず、雑用レベルのちょっとしたことやってくるのだ。

頼みごととは、未来からの贈り物であり、これを快く引き受けていくうちに、あなたにすばらしい将来が開かれる。あなたの未来をバラ色に開くカギが、この快い「はい」の返事なのだ。

すい雰囲気をそなえている人は、やはり運勢がいいようだ。「はい」の一言で、本当に幸運な人になることができるのである。

一人さんによれば、こうだ。

人は未来に向かって進んでいくものだと思っているかもしれないが、そうではない。

未来が向こうからやってくるのだ。未来のほうからあなたに向かには、人々からの頼みごととしてやってくるのだ。

頼みごととは、未来からの贈り物であり、これを快く引き受けていくうちに、あなたにすばらしい将来が開かれる。あなたの未来をバラ色に開くカギが、この快い「はい」の返事なのだ。

人に言ってあげたい言葉 ⑥

はい

頼まれたら「はい」と言う人は……

これパソコンで打ってくれないか？

はいっ！

1 自分のスキルアップになる

そうか、こういうふうに考えるんだ……

アイツは素直だなあ

2 相手からの信頼をつかむ

がんばるなあ〜

3 まわりの人を味方につける

幸せな人間関係をつくる「一人流」生きかた哲学

⑦「あなたは、がんばらなくていいのです!」

斎藤一人さんの教え

がんばらないでくださいね!努力することよりも、知恵を出すことが大切なんです。

◆人に「がんばれ」という激励はかけない

●この言葉の意味

「がんばれ」という激励は、相手にプレッシャーをかけてしまう。

だから、一人さんは、「がんばらないでくださいね」と言う。その意味するところは、努力しないでくださいね、知恵を出そうということだ。

一人さんが、お弟子さんの職場に、ひょいと姿を現すことがある。スタッフたちは一所懸命に仕事をしている。

そんなとき、一人さんは、どんなねぎらいの言葉をかけるのか。

けっして「がんばれ」とは言わない。がんばっている上に「がんばれ」と言うのは説教であり、プレッシャーだ。

そうではなく、がんばりを認めているというメッセージをこめて、「みんな、がんばってるね」とねぎらうのである。

●この言葉の使い方

「がんばれ」という言葉は使わないこと。みんな懸命なのだ。

それでも、いまのままでは成果が出ないと予測される場合がある。そんなとき、一人さんは、みんなに「がんばらないでくださいね」と言ったあと、「知恵を出しましょう」と続ける。

「がんばらなくていい」と思うと、肩のあたりがスーッと楽になる。

知恵を出すことが努力よりも大切だとわかるのだ。

◆なによりアタマを使うことが大切

一人さんのビジネスについての考え方は、「商人頭」で徹底的にムダを排除することと、知恵を出して儲けることである。

第一の「ムダを排除する」とは、出金をとことん削り、儲けることである。

商人にとってお金は出すものではなく、ムダな努力をすることでもない。知恵によってお金は儲けるものだということだ。

知恵を出して儲けるという考え方が背景にあって、「がんばらない」のである。

「がんばる」というのは努力であり、それより知恵を出そうというのが、一人さんの言いたいことなのである。

では、努力は必要ないのか。

「楽しみながらする努力はいい」そう一人さんは言っている。

ただ、我慢や努力の汗を美徳とする考え方に、一人さんはノーと言っているのである。

第二の「知恵を出す」とは、

人に言ってあげたい言葉 ⑦

がんばらなくて
いいのです！

● 「がんばれ！」と言うことで逆効果も……

がんばれ！

結果を
出さないと……

➡ 相手はプレッシャーを感じてしまう

● 最初から「がんばらないで」と言われると……

がんばるより、
楽しんでやれ

肩の荷が
下りた……

➡ 相手はのびのび仕事をする

❽もっともっと、人をほめよう

「大切にされる人」になるには?

長者番付に名前を連ねるようになって、「人に重要感を与えやすくなったよ」と一人さんは語る。

重要感というのは、自分がいかに大切で、かけがえのない存在なのかを実感したくてたまらないという心理である。

人間関係においても、一番求めてやまないもの。それが「自己重要感」だ。

たとえば、社長になってベンツに乗るということはどういうことか。ベンツに乗ることで、自分の重要感を満た

している社長は失格。心が貧しいから、そのうちベンツに乗れなくなるでしょうと、一人さんは言う。

「ベンツに乗っている社長にほめられた人は、どんなことであろうとうれしいんです。ベンツに乗ることができるほど豊かになったということは、『人のことをほめて、ほめて、ほめまくりなさい』ということなのです」

そんなふうに一人さんは教えているのである。

だから、納税額が日本一になっても他人の欠点に目が行き、優越感にひたろうとする。

これは他人の「自己重要感」を奪うことである。

人をほめれば、ツキが来る

では、どうすれば重要感が得られるのか。

たとえば、他人の悪口を言ってけなしたりするのは、他人の存在価値を低めることによって相対的に自分が優位に立ち、自己重要感を味わおうとする行為だ。

だから、多くの人は、どうして様が「ほめる」という武器を与えてくれたのだと、一人さん。

ほめられた人は自己重要感が与えられ、ほめた人にはツキがやっ

他人の欠点をいくら見つけても、自分を向上させることにはならない。そうではなく、自分もいっしょに落ちていくだけだ。

これは、発想を逆にすべきだ。

人をほめるのである。

ほめるというのは、相手に「あなたは重要な人ですね」というメッセージを送ることである。つまり、相手に「自己重要感」を与えるということなのだ。

人に重要感を与えるために、神様が「ほめる」という武器を与えてくれたのだと、一人さん。

ほめられた人は自己重要感が与えられ、ほめた人にはツキがやってくるということだ。

84

「自己重要度」の効果とは?

● 社会的なステータスが上がると……

経営者

● 人をほめる効果が高くなる

この「変な人」の教えが、あなたの心を癒してくれる

① 目の前の「小さな幸せ」に気づいてください

◆ どんなところにも
幸せはある

私はいつも小さな
幸せをかぞえます

一つかぞえると
一つ花が咲きます

二つかぞえると
二つ花が咲きます

たちまち私の心はいちめんの
お花畑に変わります

● 筆者の解釈

本章では、斎藤一人さんが書き
記している詩を中心にして、幸せ
になるための考え方をまとめてい
こう。まずは、この「お花畑」の
詩である。

あなたのまわりには、じつは、
いつも幸せがいっぱい散らばって
いる。そのことに気づくだけ。幸
せとは、気づきなのである。

ひとつ気づくと、ひとつ小さな
幸せの花が咲く。心にポッと、ほ
のかな灯りがともる。

気づきの感性さえあれば、道を
歩いていても、仕事をしていても、
どんなときにも、たくさんの幸せ
に出会える。

小さな幸せに出会えば、たちま
ち心の中は、無数の灯りに満たさ
れる。それらはひとつに結びあい、
壮大な喜びの光景となって輝いて
いる。

◆ スピードをちょっと
落としてみる

一人さんの詩には、小さな幸せ
せに気づこうとするのだ。
一人さんは、観音参りが趣味だ
のどかな自然の中にゆっくり車
を走らせる。
秩父の観音参りには百回以上も
行っているそうだ。
田舎の道を走らせていると、自
然への気づきが高まってくる。気
づきの感性の高まりと同時に、幸
福感がおしよせてくる。

幸せは向こうからやってくるも
のではない。気づいていくものだ。
気づいていくことで、人は幸せに
なれるのだ。

すると、意識は立ち止まり、幸
せに気づく理由や材料を探しはじめる。

一人さんの詩には、小さな幸せ
の大切さがこ
という。

のどかな自然の中にゆっくり車
を走らせる。

現代はスピードが速くて、いま
のままの状態を自覚することだ。

気づきとはなにか。いまの、そ
のままの状態に気づくことだ。

現代はスピードが速くて、いま
を自覚する前に、意識は先へ先へ
と進んでいってしまう。

マイナスの意識状態のときは、
すべてをマイナスにとらえ、マイ
ナスに塗りつぶしながら、意識が
進んでしまうのである。

そんなとき、「幸せだなあ」と
声に出してみる。

※本章の詩は、すべて『さいとうひとり詩集』(総合法令)から引用しています。

一人さんの詩 ①

どんなところにも
幸せはある

私はいつも小さな
幸せをかぞえます
一つかぞえると
一つ花が咲きます
二つかぞえると
二つ花が咲きます
たちまち私の心はいちめんの
お花畑に変わります

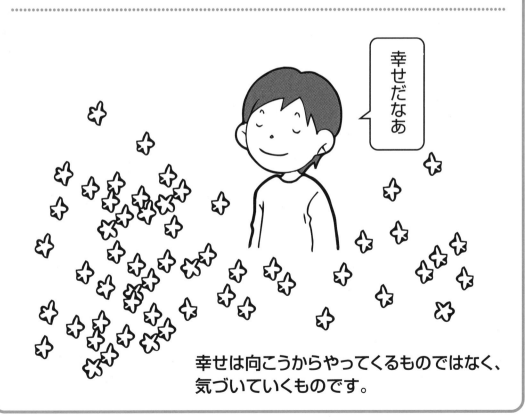

幸せだなあ

幸せは向こうからやってくるものではなく、
気づいていくものです。

この「変な人」の教えが、あなたの心を癒してくれる

② "太陽のように笑える人"になろう

◆平等に照らし、あらゆるものを動かす力

お日様はいつも
ニコニコ笑っています
お日様に照らされると
ひまわりもタンポポも楽しそうに
笑いだします　ねむっていた
鳥たちも歌いだします
明るいってすごいな

●筆者の解釈

この詩は「太陽」をうたったものである。すでに本書では、「太陽タイプ」の人間になろうと述べている。その意味は、もう、よくおわかりになるだろう。

お日様はいつもニコニコ笑っている。

太陽の光は平等である。美しい草花も照らせば、犬の糞も照らすのだ。

すべてを照らしだして、大きな心でニコニコ笑っている。

するとどうなるか。

動きだすのだ。

ひまわりやタンポポは、太陽に照らされて花を開く。それは笑顔に見える。なんと素敵な笑顔なのだろう。

太陽が昇り始めると、森林の鳥たちが目覚め、さえずりはじめる。なんと素敵な歌なのだろう。

太陽はすべてを平等に照らし、眠っていたすべてのものを動かす。その力はなんと偉大なことか。

◆モチベーションを高める三つのポイント

腹から笑う人がいる。

彼が笑うと、曇り空から太陽が現れたように明るくなる。まわりにパッと陽がさすようだ。

私はその人に、「笑う」という話のなかで、「腹から笑うというのは、たしかに能力なんですね、とお尋ねした。彼は、「腹から笑うというのはすごい能力ですね」とお尋ねした。彼は、「腹から笑うというのはすごい能力ですね、とお尋ねした。

これを腸能力というんです」と笑っている。

そんな彼の会社では、みんないきいき仕事をしていて、好業績だ。

「まあ、職場に太陽を導入しただけですよ」と、彼は冗談ぽく、明るく笑った。

やっているそうだ。おしつけはしない。モチベーションが低下するからだ。

やっていることとは三つ。

①その仕事の意味がわかり、内から意欲を湧かさせること

②明るく、任せられる職場づくり

③評価はプラスで
職場では、冗談はオッケー。楽しい話なら、仕事そっちのけで聞くこともある。

太陽マネジメントのもとでは、みんながやる気になれて、みずから動きだす。

そんな彼の会社では、みんないきいき仕事をしていて、好業績だ。

『太陽と北風』という童話があるが、彼は「太陽マネジメント」を

太陽の効果

お日様はいつも
ニコニコ笑っています
お日様に照らされると
ひまわりもタンポポも楽しそうに
笑いだします　ねむっていた
鳥たちも歌いだします
明るいってすごいな

「太陽マネジメント」とは？

1	仕事の意味をわからせ、意欲を湧かさせる
2	明るく、任せられる職場をつくる
3	すべての人にプラス評価を与える

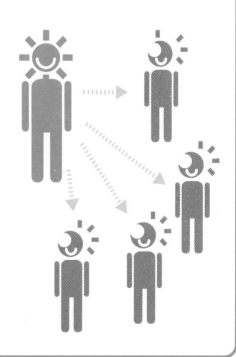

この「変な人」の教えが、あなたの心を癒してくれる

③ もっと "自然に任せて" 生きてみませんか?

斎藤一人さんの教え

がんばらなくていいんです。がんばらない生きかたで、生きてみましょう。

◆ "秋桜(コスモス)の生き方" に学ぶ

●筆者の解釈

風が吹いている。

遠くで草花が揺れている。

あれはコスモスだ。抵抗することなく、あっちへ、こっちへと、風の吹くままに揺れている。

秋桜は
キリンのくび
風に吹かれて
あっちに　ふらふら
こっちに　ふらふら
幸せだなぁ
がんばらないって

いつのまにか、眺めている私の肩の張りがやわらいだようだ。

風が吹けば、吹き飛ばされまいと、風に向かって突き進んできた私自身、この詩のコスモスを想像すると、いままでの自分の力みがスッと抜けていくような気がする。

負けまい、流されまいとして、これまでの自分は、がんばりすぎていたのかもしれない。

もっと自然に任せていいのだ。

無理をせず、柔軟に対応することが、人間には必要かもしれない。

あなたはどうだろうか。ここらで、がんばらない生き方をしてみたらいかがだろう。

◆ アプローチのしかたを変えてみる

柔軟性とは、目標に向かっていくやり方はひとつではないということを理解し、いろんなアプローチができるということだ。

社長との面談のアポが欲しく社長室を通してお願いすると、「どういうご用件ですか」と問われるだけで、なかなか会わせてくれない。こういう正攻法の一点張りでは、道は開かない。

社長宛(あて)に手紙を出してみる。熱く思いを書きつづる。紹介者をあたる。

このように、やり方を変えてみるのだ。目的はひとつだが、いろんなやり方を発想してみる。すると、ゴールへの道がひとつではないことがわかる。

コスモスの根は動かない。しかし、幹は一・五メートルにも達するそうだ。

高さで風に揺れる。吹けば揺れるのが柔軟性だ。風の抵抗を受け流して、ああやったり、こうやったりと、やり方の知恵を絞っているのである。

がんばろうというのは、手段を硬直化させてしまうことになる。そうではなく、目的に対していろんなアプローチができることが、がんばらない生きかたである。

秋桜（コスモス）の生き方に学ぶ

秋桜は
キリンのくび
風に吹かれて
あっちに　ふらふら
こっちに　ふらふら
幸せだなぁ
がんばらないって

コスモスは風に逆らわずに柔軟に受け流す

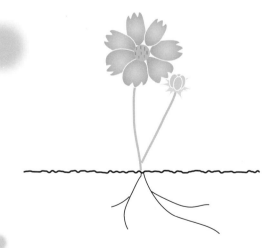

でも、その根は深く地に張っている

この「変な人」の教えが、あなたの心を癒してくれる

④ まわりの世界を「天国」にしてしまおう

◆ **人はいつも、天国に生まれ直すことができる**

花があり
水があり
歌がある
私はまた
天国に生まれた

● **筆者の解釈**

目が覚める。遠くに聞こえるのは、鳥のさえずりだろうか。

カーテンのわずかなすきまから、さす陽光は強く、朝の光なのに力が感じられる。外は雲ひとつない晴天にちがいない。

さあ、活動をはじめようと思った瞬間、言いしれぬ幸せな気分に満たされる。

幸福感はいつも突然にやってくるのだ。天国に生まれたような気分になる。これは錯覚だろうか。

道を歩いていた。

まわりを見まわすと、豊かな自然がある。可憐な草花。近くを流れる小さな川のせせらぐ音。

その音に合わせるかのように、ふと口からこぼれる歌がある。少年のころのような足取りになる。このように、まわりの一つひとつの小さなことに感動するだけで、人はいつでも幸福感にひたれるのだ。

そんな幸福感に満ち足りた環境。これを "天国" と言わずして、幸福感はいつも突然にやってくるのか。人は、楽しい天国に、何度でも生まれることができるのだ。

◆ **人はもっと主体的に生きられる**

人は、環境から離れて生きていくことはできない。環境と人間とは一体である。

胎児のころは、母のお腹の中が環境であった。

そしてオギャーと生まれたら、今度は空気がないと生きていけないのも、あなたしだいである。あなたがこの地球が環なのだ。やがて学校という環境に行動範囲が広がり、実社会へと巣立っていく。

このように、人は環境と一体であるが、この側面では、まだ受け身でしかない。

人はもっと能動的であり、みずから環境をつくりだすことができるのだ。友だちを選び、進学先や、やりたい仕事を選べる。いま、あなたと一体になっている環境は、あなたが選んできた結果なのだ。

そして、あなたがいるこの環境を、天国にするのも、地獄にするのも、あなたしだいである。あなたさえその気になれば、いまの環境を「天国」にできるのだ。

人はいつも、
天国に生まれ直す
ことができる

花があり
水があり
歌がある
私はまた
天国に生まれた

一歩外に出れば、そこは天国

ちょっとの草木

鳥が鳴く

遊ぶ子どもたち

気持ちのいい風

あなたがいるこの環境を、天国にするのも、
地獄にするのも、あなたしだいです。

この「変な人」の教えが、あなたの心を癒してくれる

❺ 人は "それぞれの魅力" をもっています

斎藤一人さんの教え

この世は鮮やかで、個性的なものなんです。常識に縛られている人には、それが見えません。

◆ 世界は「いろんな色」からできている

雪の白と
ひまわりの黄色
真赤な夕焼け
みんな
神様のつけた色

●筆者の解釈

この詩のテーマは "色" である。

あなたはふだん、まわりのどんな色を見て生活しているだろうか。

あるいは、一つひとつの色を意識することもない、灰色の毎日かんだろうか。

もしれない。

しかし、視点を変えてみると、そこには、すばらしい色の世界がある。世界は色彩にあふれている。

ただ、その純白が、雪にはいかにもふさわしい。

夏。ひまわり。なぜ輝くばかりの黄色なのだろう。ただ、その黄色が個性的で美しい。

地平線に沈む前の、一段と鮮やかさを増した夕陽の赤。なにかを訴えているようで見入ってしまう。

どれもが神様のつけた色だ。神様がそこにこめたメッセージはなんだろうか。

冬。雪。なぜ白なのだろう。というのは、当たり前だと思われるかもしれない。

◆ 神様のつけた個性を伸ばそう

この世の中にいろんな色がある

しかし、高学歴がいいんだとか、高収入でないとダメだという世間の常識でしか人や物事を見られない人は、まわりの人たちがもっているすばらしい色を見られないままに終わってしまう。

赤の色眼鏡をかけると、赤でしか世界は見えない。

赤がいいという価値観でほかの色を塗りつぶさないことだ。本当に大切なものまで見失ってしまう。

一人さんは、この詩について、次のようにコメントしている。

「自然のものには、みんな神様がつけた色があります。人間にも一人ひとりに神様のつけた個性があります。神様のつけた個性を変えようとしないで、楽しく伸ばしていくような人生が幸せな人生だと思いませんか」

個性の色はさまざまだ。いろんな色があって、この世は成り立っている。

自分の中で、長所だと言える色を磨いていくこと。これがあなたの魅力を形成し、誰にもない、あなたにそなわった天賦の個性を生かしていける道だ。

世界は「いろんな色」から
できている

雪の白と
ひまわりの黄色
真赤な夕焼け
みんな
神様のつけた色

あなたの「魅力」をここに好きなだけ
記入してみてください

大好評! イースト・プレスのB5図解版シリーズ

発売たちまちベストセラー!

図解 Dr.佐藤富雄の
あなたの運命が一変する!
「口ぐせの法則」実践ノート　佐藤富雄

成功・愛情・お金・健康……すべてが手に入る"魔法の言葉"!

B5判96ページ　定価:本体999円+税　ISBN4-87257-511-3

大ベストセラーの続編!

図解 本当の幸せをよぶ「心の法則」ノート②《朝日のあたる道》編

ジェームズ・アレン[著]　森川信子[訳]
あなたの「心の闇」が消え、人生が「永遠の光」で満たされる!

B5判96ページ　定価:本体999円+税　ISBN4-87257-474-5

図解 マーフィー奇跡の成功ノート《お金と仕事》編　植西 聰

お金儲けが、仕事が"面白いくらいに"うまくいく!──億万長者が実践する「潜在意識」の魔力

B5判96ページ　定価:本体999円+税　ISBN4-87257-461-3

East Press Business

図解 斎藤一人さんが教える
驚くほど「ツキ」をよぶ
魔法の言葉ノート

ずかい さいとうひとりさんがおしえる
おどろくほど「つき」をよぶ まほうのことばのーと

2004年11月10日　第1刷発行
2005年 1月31日　第4刷発行

著者
池田 光　いけだ・ひかる

装幀・本文デザイン
高瀬はるか

本文イラスト・図版作成
平良さおり

本文DTP
小林寛子

編集協力
メイク・デイズ・ファクトリー

編集
畑 祐介

発行人
本田道生

発行所
株式会社イースト・プレス
〒101-0051
東京都千代田区神田神保町1-19ポニービル6F
TEL 03-5259-7321
FAX 03-5259-7322

印刷所
中央精版印刷株式会社

©Hikaru Ikeda,East Press
2004 Printed in Japan
ISBN4-87257-495-8